-Figures de l'Amen-

(oblation)

Emmanuel Tugny

-Figures de l'Amen-
(oblation)

Edition : Florian Virly

EEEOYS EDITIONS

LIVRE PREMIER :
LA VIE INTERIEURE

Pour Catherine

I. Nuit du monde en Jésus-Christ

1.

Ce qui est l'être en l'être annonce ce qui est,
Qui est tout mon Seigneur en sa majesté d'être.
Celui que je reçois éminence en son être,
Son être est cette nuit séparée par l'Amour.
Jésus-Christ est de l'être une annonce de l'être :
Et l'appel entendu de ta marche en son cœur
Et le fin tour de terre aveuglé de visions.
Il est l'être du livre étudié de qui voit.

2.

L'Homme arraché dans l'être est tout ange et recours :
Voisine son esprit dans le livre très saint,
Le tome procédant d'outre celui des saints.
S'y abandonne un sens au couvert nu du monde
Encor qu'un évangile y voulût reposer
Encor qu'une vie faite y voulût trouver sœur
Encor qu'un frère fût dont te creuse le pas
Dans le livre creusé d'un même enfantement.

3.

L'idéation d'un seul est effort dans le livre
Et cependant du livre il est l'enfant superbe
Le livre est purement le monde raisonné
Par un songe étonné de se voir idéé.
Hors la bonté du monde et la grâce incréée
Un livre ouvre sur Dieu qui est Dieu dans sa gloire
Et son seuil est amer en la fonte du jour
Son seuil est vanité du livre lu d'un seuil.

4.

Vanité providence à mon cœur écroué
Vanité de l'écrou du corps de distinction
Vanité de l'écrou dans l'autre distingué
Vanité de la chair postulant en ses fins
Vanité de la fin distinguée de son pas
Vanité providence à mon cœur éclairé
Vanité de l'éclair distingué de ses fins
Vanité vers l'Amour à l'abandon des formes.

5.

Livre à ta connaissance une idée du prochain
Qui ne soit l'idée même en l'intention de soi
Que le temps de l'envol pour le ciel analogue.
Le regard le dispute au crampon du regard
Et la musique n'est contrepoint que d'échos
Le grand effort du sens culmine à l'invisible
Et l'invisible rend le sens à son enclos :
Celui qui fiche terme est perdu pour son Dieu.

Livre Premier : La vie intérieure

II.In Tenebris ego

1.

Connaissance est un bien dispersé dans l'étreinte
Et ce qui s'en déprend, recouvré dans son œuvre
Est à l'expérience et la vision de sphères.
Le retrait vers le sang commande qu'on s'y saoule
En animal inquiet ramassé dans son gite.
Or, le sang te fait don sur le versant des temps
Du geste pèlerin qui charité dispense
Au pas ensemenceur assemblé dans ses œuvres.

2.

Connaissance est faux règne au plus tenu des termes
Et le terme est le crâne en ses dissipations
Le crâne qui embrasse embrasse l'os du crâne
Et la Face l'observe en sa dissolution.
Fais de la providence étale une science
Vénère le salut comme une patience
Entends dans ton vagir lever l'oblation
De l'enfouissement vers le seuil à venir

3.

Science est damnation si ne la creuse un temps
Et la portée d'un temps qu'émonde en l'incréé
Le renoncement fol de l'arc à la portée.
Le crâne dévidé repose sur son trou
Son axe est empenné d'effilements étiques
Afin que connaissance y tienne lieu de bouche
Et bouche d'incréé remis aux créatures
Avec le tournoiement reptile d'un silence.

4.

Pâques, c'est ton enfant lancé dans l'amble d'arches
Et l'enfance soustraite à sa mutité lente
Vient ficher en autrui la corde des vertiges.
L'élan vers les soleils a son siège aux saisons :
Comme au renversement des vertus, l'arbre pose
Et rend au tremblement le rigodon des nues.
Vous étiez né le seul et vous fûtes de l'être :
La chaîne des raisons vit de conscience nue.

III. Œuvre de vérité

1.

Hors la forme demeure un corps pris en la forme
Et qui la représente aveuglée dans le monde
À quoi le sens impie tend comme arc à la mire.
La parabole manque à l'avènement cru
Du grand jour de nouvelle où ton seigneur est forme
Dans l'infecte dispute au cœur de solitude
Il est dans l'œil un être au secret du regard
Comme la croix fichée sous l'ombre de la croix

2.

Un axe fait vertèbre a son siège aux vallées
Les espèces ont lieu comme une paix rendue
Depuis un verbe seul et rassemblé dans tout
Et principe et substance et forme et renouveau
Par quoi s'est rappelé le sens en sa superbe
Ou son effondrement devant son arche même
Et le trône de rien qui fonde ciel et terre
En l'infini de forme et l'amour infini

3.

Cet être est en prière où l'être fait chemin
Quand le sens y survient par une arche immobile
Et la puissance neuve au règne de puissance
Qui ne se trouve en rien lorsqu'elle est son lieu même.
Sa nuque porte en faix la superbe de tout
Quand tout est mortifié par la présence à tout
Une étoile lui manque et le désir d'étoile
Et le désir que soit à l'étoile un désir !

4.

L'espérance est travail et vomit au limon
La fausseté languide et l'abandon turgide
Par quoi le croc advient au monde pour le fendre
En des termes égaux tout tendus pour s'abattre
Vise au cœur de ton âme ainsi que vient un songe
La mortification de l'être rendu forme
Et la relégation de la liberté veuve :
Reçois des majestés d'un ciel une oraison.

5.

Tandis que croît la guerre ou la levée de formes
Que la pousse se sait contrariété de roche
Que l'ombre va soustraite à ce midi d'amour
Où la prière est seule et désert de parole
Et Verbe dégagé du mètre de l'adresse
Un écho te rapporte à l'échelle du jour
Et la lecture est vaine où se fonde conscience
Si la conscience fut la substance du livre

6.

La gloire de ce monde est neuve et viendra neuve
Au jour du jugement reposer sur son livre
Charbonné de notule ou recouvert de soi,
Refusé sous le ciel au jour mis dans le monde
Par le Verbe du livre où tu l'as remisé.
Or, la crispation terrible du couchant
Dévorera ton front dégagé de regard
Reclus en la pensée stérile du caillou.

IV. Vision du delà

1.

Fais voie de toute chose et mesure du pas
N'entrave pas le ciel aux échos de l'Amen
Précise la mesure à proportion d'autrui
Dans l'abandon d'autrui par le cercle des ciels.
Au jour de nitescence où l'Amen est donné,
Ordonne un boitement vers ton Dieu qui l'ordonne
Ainsi la vague plomb singe l'hésitation
Quand elle porte en terre un enfant de la chair.

2.

Selon Dieu qui t'enseigne un avenir en l'être
Et dont l'enseignement t'est l'avenir en l'être
Comme l'enseignement vaut consomption dans l'être
D'un être ménagé dans l'hiver de la borne,
Selon Dieu fais-toi voie dans l'étreinte du même
Avec le jugement contenu dans les sphères
Et la valse secrète où l'immobilité
Sacre depuis l'Amen la mêmeté des pas.

V. Sainteté du livre

1.

N'aborde plus le livre en dimension du monde
Le livre est chair tenue dans un redoublement
Son repli vers un jour convoque sous la griffe
Et la chair ou la voix demeure sous le livre
Comme l'œil de tempête impavide ou la lune.
Et ce que dit le livre est la chair des principes
Ou le principe chair dont la mesure est griffe
Et notation tenue sur l'unité de l'être.

2.

Sur la portée du livre, à chaque point du cours
La flèche se repose et procède pourtant
Comme un nageur au point de rencontrer le flot
Quand son séjour au flot fait ombre de sa chair
Et fond rendu de mer dans un repli de l'être.
En tout point de la chair dont procède le livre
Une présence morne et la joie cependant
Rapporte au verbe infus sa lignée d'aventure.

VI. N'aimer point

1.

Où s'inscrit un désir un désir est mangé
Dont le désir tenait dans la joie du retour
L'impatience vaut le cercle des jardins
Dont elle est la mesure et la portée petites.
Le désir de la borne et du terme est au cœur
Comme une privauté de l'ombre à son rayon
L'inquiétude est sang noir dedans la créature
Et l'épreuve imprimée dans le corps de l'Amen.

2.

Avec l'Amen un signe est tendu jusqu'à l'arche
Dont l'arche ou le linteau s'éprend comme il en est
Et la joie de toujours emporte depuis l'être
L'être même et l'Amen, la voix dans l'incréé.
Le voyage analogue au profond de tout terme
Est annonce d'amour en l'amour véritable
Et voit que vers l'étoile une nuit se fait jour :
Ton Dieu veille à tout terme en l'empire d'amour.

Livre Premier : La vie intérieure

VII. Superbia mundi

1.

Les sinuosités de la chair et des sphères
Et la longue réserve de la conscience
Sont ce que ton Dieu veut mortifier en son règne
Lorsqu'il n'est que le cœur où tout lieu se rencontre.
L'usage de parole est abolition
De la parole même. Et le geste d'un seul
Est l'abandon d'un seul au règne d'abandon :
Fais au cœur un foyer de parole confiante.

2.

La superbe du monde est le limon laissé
Dans la course du cours vers le delta des mondes
Les têtes d'animaux y plongent le regard
Le cul fiché dans l'ombre et la majesté fausse
Empêchée par le sable empêché par le vent.
Un désert fait écueil devant le défilé :
Reviens à ton seigneur passant la borne folle
Où rumine Satan l'ortie de Béhémoth

3.

Dans chaque atome est sis un atome éminent
Dans quoi vient se résoudre et recouvrer en Dieu
La solution de l'être en son travers aveugle
Et traversé de vue comme par un rayon
Transverbérant l'atome en sa raide rondeur
Avec le vol d'insecte et l'angle de clarté
Rapporté des tiédeurs couleuvrines du bois
Vers le piétinement du promeneur obtus.

VIII. Viduité

1.

Au grouillement des mondes et la suppuration
Des masques animés depuis l'os des marées,
Préfère l'escalade inane de l'insecte
Et le défilé lent des chants de ton Église
Préfère la pesée de l'orgue exténué
Sous la voûte dont l'os compose le repli.
Une foule en cheveux se porte vers le temple
Exhaussant du rameau comme un soir un fanal.

2.

La mère épouille un crâne et c'est celui du fils
Et le crâne complice abonde, en ses humeurs,
De la fertilité de sens ou de visions
Et meurt à son église en cette charité.
Comme elle se refuse aux béances de peau
De celui qui coudoie, rapporté d'océan,
Le front tout plein des sucs d'un soleil hébété,
L'amour partie te cède à ses nuits infestées.

IX. De l'obéissance

1.

Le temple pose au temps son vecteur pour l'archange :
Il te revient de suivre à la clarté du monde
Le chatoiement de feux dont la rose dispose
Jusques à la peau sourde en quoi la gloire attend,
Et toute patience et toute mutité,
Que ton règne en son règne ait le lieu nu d'un corps
Revenu du lieu nu dont procède le corps
Avec sa pierre au terme avant la perspective.

2.

Il est un sens au monde où se réserve un sens
Et comme un sens au monde approche en connaissance
Il se recouvre en l'être aménageant son dû
Ou s'exile au séjour terrible d'hébétude.
Afin qu'étrangeté dévore étrangeté
Que deux grands Moloch soient au combat dans Moloch
Déchirés par le frère et déchirant le frère,
Ton Dieu fait de son jour une griffe qui lance.

3.

Tracé d'un fleuve jaune accouru des vallées
Comme d'un macérat consumé par ses sucs
Et dont une échappée signale le grand large,
Tu fais au Verbe seul et confinant en tout
Une image à l'enfant dévoré de visions
Quand ce n'est pas l'oiseau piquetant la patience
D'un ciel crevant de terre et de poudroiement d'os,
Quand ce n'est pas le singe assuré de son Dieu.

X. Babil

1.

Le siècle a mis le vent dans le trou de la gueule
Et la gueule a son parc où passe tel écart
De la jambe de l'ange ou bien de son aisselle
Paradant en des roues sous la mousse mangée.
L'esprit vient reléguer de son branle au jardin
C'est l'oiseau pour l'oiseau, c'est le cygne atterré.
La viduité de l'âme a ses monstres agrestes
Avec chants indécis sur poèmes bavards.

2.

Or, un théâtre est sûr, où tout l'être a sa scène
Et les anges l'espace à couvert du jour saint
De ce qui est le nombre et l'arche et le baptême
Ou le repli de l'être en l'être recouvré.
Le spectacle est celui du photon de l'Amen
Renversé sur son être et renversant son être
Comme l'insecte mis dans la portée du monde
Par le facteur d'un seul qui le sacre pour voir.

Livre Premier : La vie intérieure

XI. Pax animae

1.

Renverse sur ton seuil l'invitation des termes
Demeure enclos au terme où l'arche te conçoit
Son fils et son chemin, son amble et son étape
Le venin dont la fleur épuise le courage :
Tout le siècle du monde est ronde conscience
Engagée dans son clos pour rouler à son terme
Et le monde fait foi de son renversement
Quand il n'est le rapport que du désir de monde.

2.

La face qui prononce un arrêt méthodique
Meurt au siècle avec soi comme une main cédée
L'évitement du temps dispose au devenir
Comme une main cédée rencontrant sur la coupe
Le cours léchant de soi l'écoulement du jour.
Il faut céder à tout dans le revers étal
De l'abandon du monde à son arrachement
Pour qu'un nombre dispose au devenir en l'être.

3.

L'ombre est précipitée dans le bouge du sang
Comme une source sure accouche de nuées
La vacance de l'aube abrutit la prière
Et des membres abstrus forment germination.
La ville éclot au jour d'arrachements sonores,
L'épouse épouse l'être et l'époux s'en défait :
Le recours est aveugle et vomit dans le monde
Un peuple que dévore un Moloch affranchi.

4.

Au beau faîte analogue est une providence :
La grâce de ton Dieu dans l'Amen où repose
Un nombre du poème et du verbe altéré.
L'étrangeté du fil de la voix mise au temps
À qui l'arche a rendu de l'écho de ses orgues
Tient dans le renouement de la gorge à l'étoile
Ou de l'étoile au pas sous le porche analogue :
La voix te revient grosse au reflux de la voûte.

5.

Le ventre de ton dieu, c'est ce dans quoi l'étude
A pris naissance et sang pour promener au temps.
Derrière la conscience est une reverdie
Et toute connaissance est versant d'une joie.
Si barre est mise sur l'espérance des fins
Hors l'espérance même et la vision des fins
Il est une matière arrimée sur la coque
D'une nef absentée du portulan de tout.

6.

Avance contre toi, ta tribu et ton roi
Ton nombre articulé sur le parvis de roche
Ton peuple reposé la joue contre l'étain
L'arme brasée dessous l'ânesse de Balaam.
Progresse vers ton règne à rebours de ton règne :
Une paix de toujours faufile la méthode
Et l'empire est venu qui la regagne en toi.

XII. Agnosis I : l'esprit de colère

1.

Le croc fiché dans l'os où le sang fait étape
Afin que soit un membre aux chemins de la terre
Et l'offense à traverse et rebours de l'ami
Confinant le bon pas dans l'esprit de colère
Pour le temps où le peuple a front de nation
Ou le goût de ce plan que dévore la chaux
Et du terme cloué dans le cœur des fougères
Comme la tique prise aux bouleaux de l'Oural.

2.

La consolation vient au livre affermi
Dans le jour de ton dieu, dans l'arche de son front,
Puis la salutation de cette ode reçue
Du peuple élu toué dans le temps de colère
Par la cervelle morte et la lippe étonnée
Qu'un ciel soit hors le ciel où le ciel est un trou,
Qu'aucune mer ne porte aux éminences d'îles
Que nul regard qui voie ne lise en vérité.

XIII. Agnosis II : du désir que soit

1.

La vie terrestre est sise où se soustrait d'un fond
L'apparence de forme et le désir que soit
De la forme au principe, engendrement de formes
Et désir de la forme engendrée de ce fond
Qu'un étrange regard embrase comme un souffle
Alors que vient la forme à la forme couverte
Aveugle et possédée par un désir que soit
De l'offrande au regard excepté de son geste.

2.

La tentation reine est celle du parti
Or, ton peuple connaît l'érection du nombre
Où cède le parti comme il s'est recouvré,
Analogue et rendu à sa scène première,
Apostat de son règne et séide de tout,
Cependant sur la voie du renouvellement
Et de la confiance en un commencement
Que le livre désigne aux lévites des heures.

3.

Voici la terre crâne où l'autre te contemple
Et le morne de roche où tu l'aimes passant
Voici la peau de mère aliénée dans le fou
La semence du père ourdie sur le cimier
Voici de toute forme une levée vers soi
Voici le doublement de la forme pour voir :
Voici le siècle enflé de sa mitose sotte
Et le redoublement du désir à son siège.

4.

Il est une nation dont procèdent le temps
Et le siècle où le temps fait séjour depuis soi.
Son angle promené sur l'arche infuse en l'aube
À la marge du livre et par la trame crue
Que le filament ronge, où le sens est parti.
Le front d'Esdras ombrait la nébuleuse rousse
Où l'abolition de la puissance même
Fait que danse de soi la génération.

5.

L'empourprement des joues du promeneur des terres
Lorsque vient un été pour qu'un crabe se meure
Sous le bec de l'oiseau mis au monde pour l'ombre
Ou la traversée d'ombre aux repos qui la fondent
L'empourprement des joues dans la nécessité
Que quelque chose soit dans l'être qui témoigne
Ainsi qu'une ignorance abandonnée dans l'âme
Atteste la vision tremblante de la flamme.

6.

La condition de l'être est psaume de l'Amen
Et toute condition dans l'apogée de l'être
Soit toute condition de nécessité pure
Soit la nécessité dans sa pureté d'être.
Et comme un chant sans frein baigné de solitude
Et la bondant pourtant de son silence rond,
Comme un angle posé dans l'immensité nuit
Elle forme cohorte et va se recouvrant.

7.

Afflige ton esprit dans l'étude alentie
De ce qui le ramasse en soi comme une coque
De ce qui le retourne et le rapporte à soi,
De cette force où va son cours comme il s'en va.
Il n'est d'élection que dans l'affrontement
À mesure perdue, que dans affrontement,
De la nécessité de tout traversement :
Œuvre au livre achevé qui roule sous ton livre.

8.

L'effort de traversée du nageur immobile
Te tient lieu de viatique au monde où sont les formes
À la face de Dieu dont la seule élection
Se destine à combler le comblement premier
Par l'octroi d'une allure ou d'un mètre épuisés
Dès le commencement, cependant que superbes,
Cependant que syncopes dans la condition
Puis toute condition dans la nuit des figures.

XIV. Agnosis III : Ego absolutus

1.

À tout stade du jour, aie vue sur l'arche reine
Par quoi descend ton ange à la face étrangère
Et dont le corps voisine un terme reculé :
C'est après le soleil et l'étoile ton frère
Alors qu'inatteignable en ses distractions
Car il est frère sûr de tout regard porté
Et la vierge infidèle à la sagesse mue
Par la curiosité de sa bonne ambassade.

2.

Et tandis que ton ange est mission de son être
Et son oblation rendue à la prière
Et sa prière même à la chair de son être
Et sa génération rappelée aux mesures
De ce qui l'y suspend pour être la distance
Ou l'exténuation de la portée des mondes,
Tandis que porte l'ange une nouvelle bonne
Le parti plonge en soi comme une écume en mer.

3. Ô portée repentie du ventre d'Aaron
Et de la gueule feu du crâne de Baruch,
Tu exposes ton ange à contempler l'aveugle
Et convaincre le sourd engagé au rebours
De marcher vers son arche et son ange pourtant.
Le fils de Dieu fit corps du corps remis par l'être
Afin que fût un être abdiquant sa mesure
Pour l'allégeance bonne à l'amour infini.

XV. Des Œuvres de charité

1.

Ne concède qu'au même à la révélation
De sa mêmeté pure en l'âme qui connaît.
Dégage du profond caverneux de l'asile
Où s'exile, parti de sa nécessité,
L'Amen captif et veuf de la matrice ontique.
Et connais la misère en autrui de l'Amen
Et sa nécessité vouée à la lumière
Où le salut l'accueille en la moisson des termes.

2.

Il n'est pas un amour à l'arche des essences
Qui ne procède en soi sans perpétuation,
Au-delà des rapports de l'arraisonnement
Et du terme posé sur le livre achevé.
La reprise de tout sous fondement de formes
Ou l'écoulement doux de la forme reprise
Fait croître la reprise en l'âme de son cours
Et conjoint les nageurs en une charité.

3. Il est assis tranquille au revers de ses heures
Devant ce que la mer a de semblable au temps
Et devant ce qu'au temps la mer a mis de temps,
L'enfant de Néhémie qui bâtit pour Jésus
Le temple sans tenon ni mortaise du monde
Où le corps se compose en son délitement
Dans un jour dissemblable au jour et séminal
Où s'enfante ce qui ne s'enfante qu'en soi.

XVI. Autrui (Pseudo-Thomas)

1.

L'enfant chassant Jésus tomba de la terrasse
Enfin se releva puis dit « gentil Seigneur
Tu ne m'as abattu que pour te déclarer »
La présence de l'autre observait étonnée
Comme l'enfant de l'être embrassait son Zénon.
Ainsi parle Thomas dedans son Évangile.
Les parents de Zénon louèrent la présence
Et l'épreuve du monde en le monde rêvé.

2.

Le sage juif écrit encor que Christ enfant
Façonna des oiseaux dans la glaise à Sabbat
Et fut réprimandé d'avoir changé le monde
Au jour où l'Homme juste est son droit obligé
Et que la vie reçue de Dieu comme une forme
Fut, comme on le grondait, parcourue par le vol
De ses santons petits égaillés dans les ciels :
Ajoute au temps le temps qui s'y trouve en puissance.

3.

Thomas dit qu'Anatole, enfant d'Anne le scribe
Mit par jeu le désordre en l'œuvre de Jésus
Qui machinait un ru de moulins de sa main,
Donnant de son talon dans l'ouvrage pour rire,
Accablant la paix neuve aménagée par Christ
Afin que le fil clair abondât de limon.
Le juif a raconté la colère de l'Homme
Et le sort de l'enfant que Jésus voulut souche.

4.

Ce qui est en puissance et le monde et son terme
Et l'affranchissement de tout terme à son terme
Est inscrit dans le temps pour son déchiffrement.
Afin que le temps vienne où s'affranchit du temps,
Sa voûte fait de l'ove en l'âme du prophète
Et l'auteur porte au jour le fin jour dans le livre
Comme il ajoute au temps le temps qui l'origine.
Ainsi l'enfant petit mérite de son rêve.

XVII. La piété dans le siècle

1.

La sagesse est le pas dirigé vers le lieu,
Vers la persévérance en son lieu de tout lieu
L'exil est nécessaire à qui surprend au monde
La sourde condition de sa germination
Comme un bourdon secret fondant le contrepoint
Alors qu'il est en cime apprêté pour l'envol.
L'être est un crépuscule ou le jour souterrain
Dont procèdent l'étoile et ses coruscations.

2.

La marche mise en l'être est faite pour la nuit
Puisqu'elle s'y soustrait pour s'en retourner vive
Animée de conscience et globulant de foi
L'épuisement de forme et la forme reprise
Y équivalant gloire et souveraineté
Le franchissement seul de l'épreuve des formes
Est gloire ôtée du monde et reprise dans l'être :
Ton livre fait patience en la niche du monde.

3.

L'effort du monde tend vers le monde en son cœur
Et le travail infus commande son travail
Les perforations de Minerve en sa nuit
Désignent le parcours en quoi se fonde l'être
Non point la connaissance ou la vision partie
Mais la reconnaissance au profond d'un bourdon,
D'un point d'orgue connu dans l'aventure franche
Et le lacis troublé des danses de la vie.

Livre Premier : La vie intérieure

XVIII. De sanctis

1.

Une étoile a miné la jarre à son profond
Et séminalement la convoque au retour
À la nuit pondéreuse où croît sa sudation,
La source de figure et de la sainteté
La prémice des ciels accueillie dans un corps
Pour faire multitude et nouvelle de l'arche :
La jarre s'exténue pour le recouvrement
Et l'asile du jour en son enfance fauve.

2.

Exténuation des saints tordus dans la présence
Tempêtes de figure abandonnées au temps
Et que bassine un jour souterrain de la grâce
Comme le gouffre bée sous la croûte de pentes
Où le grumellement de la machine usine
Un défilé de forme entravée par le nombre :
Il est au monde un monde autorisant le monde
Et son beau conatus emporté de par soi.

3.

Il fut un temps de grâce où l'arche reposait
Sur le repli du monde et contre ce repli
Et chaque épi levé de la terre du monde
Y faisait reverdie dans la gousse du monde
Le caryopse et le monde épousés dans l'*Amen*
L'égrenage du monde et la moisson tranquille
La naissance au cœur neuf de la parole neuve
Étale comme une onde et le plain-chant de l'être.

4.

Comme sur une rive où s'engage un voyage
Le cœur demeuré veuf espère en l'horizon
Quand il y est à quai, voyageur et portée,
La sainteté prolonge un cours du devenir
Jusques au terme vif ancré dans son abord
Et fait présence à tout comme elle vient mener
Au sourire présent de l'eschatologie
Le monde voyageur et sa grève secrète.

5.

Le temps des distinctions grimace et sa superbe
Épand une colique où patauge Moloch
Et s'effondre sur soi le cil de Béhémot.
Un singe censément frappé de conscience
A renversé le monde et redouble d'adresse
À mesure qu'au temps poussent des météores
Imbus de leur empreinte au ciel clair qu'une taie
Distingue de son règne ainsi qu'un orphéon.

XIX. Discipline

1.

L'in petto forme un val où réserve conscience
Et remonte analogue à l'orée de l'objet.
Pour que s'aliène l'œuvre en son œuvre elle-même,
L'âme est un puits viride exceptant de la forme
La substance du seul et du même et de l'un.
Or, la substance même asymptote de soi
Remonte dans la forme en quoi lui est confort
L'existence du jour en des formes du temps

2.

La clé fut réservée dedans un balancier
Sous la danse duquel une contrariété
Ordonne à la monade une gigue hasardeuse.
Ainsi la discipline est un mouvement vain
Conjoignant le formel à ses contiguïtés :
Or, le mouvement vain de conscience elle-même
Et de la liberté redoutable de l'être
Affiche dans la forme abolie de l'abord.

3.

L'abandon de la forme et de ses disciplines
Est la convocation de l'abandon princeps
Ou de l'âme de nuit reprisée par l'Amen
Dans son balancement vigilant de zéphyr.
L'émergence de l'être en ses contrariétés
Fait clarté de son jour et vision du regard
Que porte à chaque pôle un bourgeonnement sien,
Prière reformant dans le Verbe repris.

4.

La dévolution folle à la forme adventice,
L'impetus acrobate époussetant le monde
Au galop pâturant de sa cervelle gourde
Enseigne de la forme ou du livre l'exemple
Et la nécessité du retour à ce plan
Que dévore l'essence et sa majesté tendre
À l'image de l'os rabattu par les flots
Sur une rive exsangue où lui revient mémoire.

5.

Il faut souscrire à l'ordre et céder à soi-même
Un nombre est mis au jour et commande à son temps
De procéder de forme et d'en annoncer l'heure
Et tu es cet ouvreur exhaussant de la forme
Ou l'entrave ou la grève ou l'invagination
Vers le seuil éminent de sa macération.
Voici l'ange rendu par la forme à son Dieu :
Il est encor de l'être et déjà de l'envol.

6.

Jésus monté sur l'âne et giflé par la palme
Est la forme du monde agacée par ses formes
Et la gloire du pas parcourant le semis.
Elle est la voûte même et son repli de gorge,
La globulation sans limite de l'être
Et le petit trot sot de l'horloge montée,
La cité dévalant sous le temple fiché,
Les vertiges passés, l'autre Jérusalem.

7.

Ton jugement, c'est l'ombre emportée par ta forme
Ou l'atome de jour exsudé par ton règne,
La mesure du temps parcouru depuis l'amble
À quoi ton âne va dans le temps accompli.
La charge de présence est la chose jugée
Par les voix de l'Amen et l'inintelligible
Ou le lien de toujours tourné comme un regard.
Il est des fins au temps que le temps met au monde.

XX. Agnosis IV : silence et solitude

1.

L'animation de l'être est cours secret de l'onde
Ou remuement du même à quoi porte le plan.
Un nageur immobile aura tracé le monde
Et départi le monde où le monde est induit
Comme la dialectique adombrant le sourire
Et le silence pris comme se prend parole
En l'hôte de ton arche et son facteur debout
Semant de l'ange en mer comme une nasse un sot.

2.

Il est un homme au monde en qui l'arche est séjour
Et dans qui les nations abondent comme aux serres
Une floraison belle et son méat nervé
Par la circulation des spasmes de l'essaim.
C'est par lui que se forme un nombre de la vie
Qui soit forme et secours et poème chanté
L'ample semis choral passé dessus les plans
Pour l'insufflation de l'enfant reformé.

3.

Il n'est pas d'ombre sûre et le pas se renomme
À mesure que va la nation des mondes
À la rencontre d'heure et de course métrées.
L'éboulement du monde et l'avalanche induite
Ont eu commandement de distraire du nom
L'immanence cruelle où le nom se reprend,
Soupir et logion emporté par la fonte,
Paysage rêvé dévoré de matière.

4.

Le pèlerin dispose et le pays renonce
À ce qu'il soit tenu dans sa conception,
L'élan pris sur la brume ou le lait nébuleux
Et comme se reforme à mesure du pas.
Pour être un monde encor originé de soi,
Pour s'aliéner en l'être au trou du devenir,
Il faut à la conscience un livre pour conscience
Où la parole meuve une parole mue.

5.

L'Amen s'est retiré comme couvait fumier
La créature à qui Béhémoth a confié
L'élan du devenir et la clé des mansions.
La brute a vu de l'angle et de l'os où courait
Le lit vidé berçant ses constellations
Lâchées dans l'autre nuit pour qu'il fît nuit encor :
Sois maître d'une chambre où la vague retranche
À la forme entière en mémoire de soi.

6.

L'écriture a tourné son beau cours en un cal
Où tout le jour est mis pour sa leçon donner.
Ton olivier remire une face éternelle
Et tord son nœud de gorge en des imprécations,
Soumettant au front jaune un bras fuligineux
Que travaille la terre et le Verbe appliqué
Comme vient un sourire au maudit qui l'attend,
Grimaçant cependant que son rêve lui vient.

7.

Vous êtes la prière de Gethsémani
Et le doux lamento du Christ en mon jardin
Vous recevez du père et la canne et le plan
Le monde fait chemin dans des silences crus
Talochés par cette onde où se transporte un cœur
Tantôt dévastation de soi, tantôt querelle
Et tantôt souffle pris dans un contentement
Le père est à genoux qui s'illune du père

8.

Voici que vient un Homme illuné de parole
Et son effroi témoigne ainsi que les figuiers
Du faix des conditions posées dans le donné
Afin qu'il cède au jour et s'y connaisse enfin
Créature impensée comme la création
Ne se pense qu'au fruit tiré de condition.
Vous avez vu mon Père étonner son enfant
Dont le front reconnut le jardin des jardins.

XXI. Silences du cœur

1.

La passe te ramène à la grève diffuse
Où le questionnement de l'Amen a fait seuil
Rien n'est moins voyageur que l'être qui remise
Une forme du monde et celui qui l'arpente
Afin que la portée désigne son ancrage
Et l'ancrage le règne et le règne de l'arche
Une asymptote sise afin qu'on la reprenne
Ou l'aporie de forme en l'extravasement

2.

De l'arche a procédé la forme rapportée
Dans quoi rapport de forme est cause d'une joie
De sinuer en joie dans l'aube promenée
Sur la nuit promenée que renouvelle un trait :
Là c'est oiseau qui crève un plan qui lui répond
Ici c'est conscience abattue sous l'étoile.
Le monde est bonne fille en ses devisements :
C'est une serre où croît le monde sous la cloche.

3.

Il convient que conscience ait du sang de l'Amen
La vertébration des laves cependant
Que la ductilité du jour entre les formes.
Un arrêt relatif martyrise le sens
Et l'objet de conscience éponge ses mouillages
Eût-il en sa réserve un empire de forme.
Un seuil a mérité de l'arche et lui revient :
La joie de faire forme est celle du distrait.

4.

L'agave rompt le pacte entre la terre rouge
Et la pâte fervente où le ciel est l'esprit
La matière s'abroge où lui vient une forme
Et la nécessité que forme soit aux formes.
Le monde est la poitrine expectorant du seuil
Où rien ne se moissonne excepté de l'Amen.
Crois en l'esprit de voûte et de globulement
L'arche est le terme beau de la componction

5.

Christ en prière cède à ses genoux qui ploient
Sur les tessons qu'un ciel veut mêler au désert :
L'être est un repliement qu'annoncent des figures.
Nulle voix qui ne soit, sous la voûte sans terme
Supplique du retour, oraison du repli.
La pâte bleue d'un ciel épouse les rousseurs
Où l'espérance a pris ses quartiers de l'instant :
Le monde est la tension de son remembrement.

6.

Seigneur, assigne-moi le pain de la moisson
La moisson de la plaine et la plaine du monde
Et le monde des ciels où le feu se reprend,
Dégagé par un vol de sa nuit d'iléon
Consens que conscience ait son lieu de nul lieu
Dans la faille de l'âme où grumelle la forme
Afin qu'un logion unique issu de borne
Épande ton jardin sans nom par tout le mien

XXII. Agnosis V : misère de l'Homme sans Dieu

1.

Sous condition d'un homme un ciel est séparé
Dont la prière est ivre et baignée de nuées
Le front bassiné d'or et frappé par l'oiseau
Promène ses deltas devant l'océan sourd.
Quand elle est immobile au jardin reverdi
Dessus la poudre rouge et la viduité
D'un tombeau traversé de membres subéreux,
La condition d'un homme est son aliénation.

2.

Il appartient à l'arche où l'Amen a son lieu
De rappeler du lieu l'aliénation dans tout.
Or, l'autre front béni par sa sublimation
Dans tels soleils curieux que redoublent des sources
Vers telle forme vive embarrassée de fin
Départ encor la forme où la forme déplore
Une abolition de la forme posée :
Sa propre condition sans préjudice d'être

3.

Seigneur, délivre-moi de mes nécessités
Des conditions de forme où j'ai mis un jardin
Pour que l'agave soit sur la brique et sous ciel
Au terme de la draille aux cerceaux de moellons
Sur quoi frappe un soleil affranchi des espaces
Afin que se départe un chant né de ma gorge
Ou que mon front concoure à ce que soit ma paume
Délivre-moi de l'ordre où le Verbe a son terme.

4.

Il n'est rien qu'invisible et secret de présence
Et l'être apodictique est sous condition d'homme
Sa partition propre et sa sonate seule
Son petit air perdu dans la nécessité
Son envolée d'oiseaux dans le plan qui l'épuise
Un affranchissement de la nécessité
Une nécessité seconde dans le cœur
Où le cœur se repent comme il a fait son tour.

5.

Il faut qu'il y ait au monde un monde élémentaire
Et le goût de l'orage à quoi cède le feu ;
Quand le regard promène il aménage un vers
La condition d'un homme est une prosodie
Dans quoi la forme prise est fille de la forme
Et le regard posé le regard de la forme.
Sous condition d'un homme un babil fait Amen
Singe de la parole et mouton d'un aveugle

6.

Seigneur, délivre-moi de ces nécessités
Du monde diphysite affranchi de son chant
Dans quoi mon regard vieux fait élection de tout
Comme Jésus le fils de la valse des jours
Ouvre en moi la saison ponctuée de soi seule
Accorde-moi conscience afin qu'il y ait un livre
Où le livre dévore au nom de la parole
Les nerfs de l'écriture ilote de ses formes

7.

Je reconnais l'Amen à l'approche du jour
Qui est aussi la nuit, le pin, la tuile rose
Ou les déchirements rauques de l'olivier
Le grand jour était là dans quoi la passion vraie,
C'est la condition d'un homme dans sa forme
Et la dévastation de la forme dans l'être.
Le souffle m'est donné dans l'amour de la forme
Et sa brièveté m'assure de l'Avent.

XXIII. De tenebris

1.

Le genou pose un coin sur le dessin des cimes
Et l'entier paysage y rapporte son œuvre.
Où le plan de nature est à l'épuisement
L'entière nature y forme une intention :
Les retraites de forme inégales en tour
Attestent mêmeté dans le règne d'essence.
Christ est à l'olivier comme il est à l'enceinte
Et c'est la pierre plate ou le poudroiement d'ocre.

2.

Or, rien ne vient répondre au logion en somme
Et la parole seule enseigne solitude.
La distinction du verbe dans les dimensions
Appelle la réponse de l'indistingué
L'élégie de la forme ou bien se réverbère
En l'accablement pur de la voix solitaire
Ou bien convoque l'être et le beau chant de l'Arche
Au saint dévoilement de l'Amen en sa gloire.

3.

Le fils de l'homme penche une nuque insolente
Et son front de l'instant blesse la pierre sèche
Comme la pierre blesse un front né de l'essence.
Les espaces formels tirent vie de l'affront
Partition, départ sont enfants de l'encontre :
L'aveuglement dans l'être est cause qu'il y a forme
Et l'abolition fait œuvre de vision,
Qui résout le vivant par son appartenance.

4.

Pérégriner au monde instruit le pénitent
De ce qu'il n'est au monde que persévérance
Et progrès depuis soi du monde en un repli.
La marche est écrasée sous le faix qui l'emporte
Ce qui pèse est un drain par quoi lève un printemps
L'intention d'aller fut inscrite en les ciels
Avec un horizon que prélude au lever
Le foyer d'espérance en l'effort de passer

5.

Ce sont trois enfants seuls au désert inventé
Dont l'un pense au chemin quand l'autre est à son livre
Tandis que le troisième est étendu tranquille
Et, doutant qu'il y ait plus avant d'autres mondes
Laisse advenir l'étoile ou la lune ou le creux
Que le vent traversin dispose dans la terre
Ce sont trois majestés dont l'une est éminente
Et connaît qu'espérance est la paix du levant

6.

Plus que le corps et l'âme en quoi le corps est forme
Plus que l'idéation qui met la forme au monde
C'est la forme elle-même ou sa résolution
Qui rencontre en l'Amen sa souveraineté
Un conatus inscrit dans le front comme un jour
Conduit par les détroits vers l'éblouissement
La mort est douce au fils, qui ramène à l'amour
La forme dévoyée dans l'épreuve formelle

7.

Souviens-toi de la terre on y croisait la terre
Et le temps ponctuait la terre qu'on croisait
Puis la main rencontrait la terre avec ses bords.
Le jardin faisait borne et la maison rivage
L'ombre te distinguait promenant dans les corps
La présence arrachait la présence à la vie
La longue vue crevait le halo comme folle :
Une circonférence était nécessité

8.

Au terme de la vie matérielle et neuve
Et toujours neuve afin qu'éminence rendue
Sacre l'être en parole et puissance d'amen
Toute la gnose pèse et salue le voyant,
L'olivier, la margelle et sa persévérance
À tenir sous le feu la place de l'orée.
Deux forces se font face au jardin de la veille
Et sont la même force engouffrée dans la chair.

9.

Le séjour est ailleurs ou bien tu t'y engages
Le pèlerin s'abstrait comme l'œil du regard
Et sa marche immobile appartient au principe
Ou persévère en soi comme l'onde au principe.
Christ à Gethsémani saigne comme une terre
Que sillonne le soc afin qu'elle s'enclose
Et reprenne de soi sa germination
Comme la conscience en réserve du pas.

XXIV. Avènement des termes

1.

Pilate est au cerceau du monde à son départ
La fermeté, l'empire et l'affranchissement
Le corps taxinomique infus en sa mansion
Le siècle aménagé dans la pensée des formes.
La forme au jugement renseigne sur la forme
Et bute en l'émergence au lieu de toute forme.
Or, si vient jugement de la forme à son terme
Il est justice faite à l'émergence vive.

2.

Justice de la forme est rendue par l'Amen
Qui distingue le lit du limon dégagé
Qu'un soleil implacable ou l'averse chantant
Rapporte au cours laissé dans quoi l'abandonné
Retrouve les bons bras de la physique veuve
Et cependant parfaite, éternelle et sans lit
Cependant que privée de son être arrêté
Dans les ponctuations de la vie départie

3.

L'idéation sécrète en Antoine le grand
Comme en Christ au jardin l'abord des châtiments
Et l'arraisonnement des crocs de la fortune
Ou de la vie formelle où la crainte du même
Fait du même le chien de mêmeté farouche.
Nécessité que soit le départ d'une forme
Mise en l'être par l'ombre afin qu'il s'annonçât
Vaut terreur idéée dans un cercle aboli.

4.

Le juste qui s'élève au jour du jugement
Est ce voyant qui, dans la conscience des fins,
Dans l'approximation de toute forme admise
Décèle un abandon de la forme en son cœur
Et ne concède au temps, depuis le cœur voyant
Que la fonction d'hostie dans quoi, transsubstantié,
L'Amen accède au cœur et fait âme de tout
Afin qu'il y ait de l'être en la pensée de l'être

5.

Un silence éminent fait asymptote en tout
L'orgue muet du monde est sa touche et son point
Son élévation vaut assise de l'arche.
La clé de l'univers est le chant perpétué
D'une bouche étonnée d'être seule et la seule
Et de se savoir coupe et de bouche et du monde.
Il faut voir en l'hostie ménagée pour la bouche
L'incorporation de tout corps en soi-même.

6.

La passion du monde émane de la forme
Ou de la soustraction de la forme à son règne
L'épreuve de présence est celle du marcheur
Dont la nécessité fait l'hôte de son pas
Comme son pas progresse à rebours vers les termes.
Christ est une nouvelle et sa nécessité,
C'est l'émergence pure et c'est l'ascension :
L'immanence absolue comprouvée dans l'Amen

7.

L'espérance formelle est pure vanité
Si la forme n'est grosse, en son exposition
Que d'un contentement de la forme en ses termes
Cependant que la forme est l'onde par laquelle
Une onde incorporant la substance du monde
Et l'écueil substantiel du monde en sa substance
Chemine vers ton âme en sa dubitation,
Disposant à la joie devant l'aporie même.

XXV.   Travail de vivre

1.

La discipline d'être aux confins de soi-même
Un homme restituant son terme à son principe
Et comme renonçant à son nombre pour l'onde
Ou l'éblouissement dans quoi conscience pure
Est apostate droite après l'ordre des mondes
(Or la fille de l'arche attendue dans son clos
Par le pasteur immense en qui tout est nuée)
C'est le travail de vivre au soleil de l'Amen.

2.

Ta présence en le temps vaut gage de repli
Vers le point défendu par la garde des formes
Logique met physique en l'être afin qu'il cède
Et libère de soi la mêmeté recluse
Non pas dans l'autre corps mais dans le même corps
Ou dans le corps soi-même affranchi par l'Amen
Cependant qu'invisible à celui qui veut lire
Et comprendre quand même il se verrait compris

3.

Le progrès en Jésus de son persévérant
Tient dans la quête en soi de l'illimitation
Soit que le corps lâché par la ponctuation
S'en dispense, étourdi par l'apogée de termes
Soit que cet apogée convoque son envers
Devant la conscience avisée par le temps
De la facticité de toute symétrie
Dans l'empire où le terme est compensé de soi.

4.

La forme est cause que le temps de l'Ecclésiaste
Parti de ponctuations ponctuées de moments
Dispose de tout l'être affranchi de soi-même
Et repu de limite instituant au temps
L'acte et la scène vus d'un singe de la vie.
L'action du vivant tient dans le goût du terme
Et dans la corruption d'un singe de l'amour
Où l'autre est ce qu'on aime ou sa personne peinte.

5.

Christ à Gethsémani s'engendre dans le Père
Et reprend l'œuvre au terme ou l'accomplissement
De l'espace aboli dans son apogée même.
La margelle d'un puits jouxte le rameau gris
La craie brune des ciels griffe l'arche tout doux.
Comme tout cela tient tel une toile peinte
Un temps porte à la peine au jour de l'au revoir
Et ce temps te dispose à l'éblouissement.

6.

Christ est venu trouver dans le fond de ton cœur
Christ affranchi de formes et révélé dans l'être
Le monde est l'asymptote à la voûte de l'arche
Et cependant ton cœur est siège des nuées.
Il faut qu'ange renonce à la forme d'un ange
Pour qu'une main donnée nulle part et dans tout
Te rapporte à ton jour et celui de l'aîné :
La tâche du vivant, c'est de se reconnaître.

7.

Un lacet de la vie sur la scène du monde
Enserre un faix de nerfs où le souffle est tenu
Département de vivre est venelle ou détroit
La forme est cause et fin d'une peine mortelle
Espérer en Logos et le nombre torture
Une âme ici venue pour témoigner de soi
Dessus la partition de ses effets formels :
La forme est orpheline hors de l'invocation.

8.

La tâche du vivant quand émane son jour
C'est de le reconnaître et d'y retrouver place
Au point de l'émergence en la vie des mansions.
Le monde et son ouvrage ont tâche d'invoquer
Leur transcendance en l'être de résolution
Ton livre soit la forme où lève la nuée
Et l'ordre sans langage où toute la vie prend :
Le paysage pur où ploie l'entendement.

9.

Un livre s'est écrit dont la glose est la forme
L'Hermès et le *Zohar* ont fait livre du livre :
Toute l'idéation vient de la forme en soi.
La réplique du livre offre à l'entendement
L'aporie de vision, l'orée de conscience.
Ton œuvre est véhicule et canal du Levant
Ce qui s'y entendra demeurera fiché
Sur le seuil qu'Orient vient lécher pour qu'on sache.

10.

La création formelle est gage de l'Amen
En ceci qu'elle annonce en le portant au jour
Le monde dispensé de sa quête du nombre.
Sois le poème-amen et le chant qu'il promène
Et leur appartenance à la saison de tout
Sois la suprématie de l'oblation muette
Sur la portée surette ou le plan traversé
D'un désir aliéné dans le terme posé

11.   L'effort de vivre est bu, voici que vient le Père
Et la révolution de toute trajectoire
Sur toute trajectoire en la maison du Père
La résolution du pas dans son retour
Ou son délitement dans l'argile des nues.
Vous aurez cru le monde abandonné aux termes
Et le livre entrepris par les termes du monde
Or c'est un chant nouveau, de toujours, au principe.

LIVRE DEUXIÈME :
L'ORDRE DES CHOSES

Livre Deuxième : L'Ordre des Choses

À la mémoire du Père Jacques Hamel (1930-2016)

I. Des formes

1.

Le royaume est en l'être, aussi lui revient-il
D'affranchir une forme outre l'appartenance
Afin qu'elle concède à l'âme pélerine
Un singe de l'oiseau libéré de ses ciels
Ou de Christ en le monde insinué dans le temple.
Le livre est concédé par une plénitude
Et c'est l'ordre causal en conscience et raison
Tracé dessus la vie pour l'esprit des confins.

2.

Nulle inspiration qui n'émane de l'ordre
Et de la chose même engagée dans son ordre :
Les équilibres sont aux confins de la forme
Et, non plus que l'Amen ne leur concède rien,
Ne lui concèdent rien qui ne fût concédé
Comme arrachement d'être à ce qui tient de l'être.
Il est un plan du monde autorisé de l'être
Et sa partition comme une concession
N'impute rien sur l'être et chemine de soi.

3.

Le plan du monde tangue en son propre roulis
Ses fanaux incertains bassinent les rivages :
On voit la nébuleuse avoir barre sur l'âme
Et l'élan du vivant confiner à l'écho.
C'est l'arraisonnement de la forme par soi
C'est le voile tendu sur l'invocation
C'est la mise au secret du principe des lignes
Et l'écrou de la croix pour la forme du Christ

4.

La plaie du fils est l'homme en son échappement
Vers l'absolu de forme et son veuvage aride.
Une concession de l'Amen à son fils
Infère de puissance une intention de rompre
Où complaisance même est fille de l'empire
Et l'essence d'Amen appliquant à son fils
Le désir que soit forme en la nécessité
Comme abolition de la forme en ses fins.

5.

Je pose Jésus-Christ induit par le monde
Comme un moment thétique où le monde s'annonce
Appendice de soi dans sa consomption
Par la thèse thétique où le plan s'explicite
Au repli de sa borne en l'illimitation,
Par exemple au Tabor étagé de jardins
Sous quoi baptisera l'enfant de Kinneret
Les visages allés pour les éternités

6.

C'est où le Jourdain prend sa source et la tempête,
Cette contrariété des vallées guillochées
Par l'arpent du sillon sous l'arpent de la faux
C'est aussi bien avant, dans l'océan tenu
Par une étoile insigne illunant le Tabor
Alors que l'analogue atteint à sa demeure
Et c'est où veut l'Amen prendre part à la vie
Qu'un baptême rappelle au corps transfiguré.

7.

L'ordre causal est là, posé devant le vide
Et sa thèse convoque à l'assomption du vide.
La conscience prend son singe pour la vie
Afin qu'il y ait autrui dans le bouquet du monde
Et la vie se retire au rivage analogue.
La solitude naît de l'assomption du nombre
Et du renoncement de la forme à ce cours
Dont les accents font masse en l'objet de l'objet.

8.

Le surplomb transcendant se reprend dans la chair
Et le présent thétique imparti dans le nombre.
Une réplique infuse en la conscience pure
Fait battre en le créé le pouls du créateur
Qu'offusque l'assomption de la thèse posée
Dans la persévérance en soi de l'arraché
Comme la tête veuve ou le masque piqué
Sur firmament de stuc ou de toile tendue.

II. La reprise et l'esprit

1.

L'aisance à formuler préside à la vision :
Le recours à la thèse engoncée d'équilibres
Est cause d'un lever de la conscience pure.
Aux termes postulés de l'immanence étale
Orion traversé par l'axiome d'Amen
Rapporte l'être à l'être en sa pulvérulence
Et la parole sainte offerte à son repli
Recouvre dans le cœur la causalité même !

2.

Au règne conceptuel où le rapport tenu
Réprime en son élan l'analogie native
Un corps lève et s'abat pour faire nation.
C'est du corps des nations réunies dans le temps
Que l'assomption procède où Christ est en l'Amen
Assurant que, le cœur prévalant sur l'idée,
Non depuis l'intuition mais depuis l'être même,
Association de terme est prémisse d'un jour

Livre Deuxième : L'Ordre des Choses

III. Rédemption de l'Idiot

1.

Sur les grains du rosaire en un forcennement
L'Idiot se souvient de son ravissement
Du jour du jugement. Lorsque dans un calcul
Un nombre de prière est mis dans la chapelle
Et contrarié partout par la voûte du monde
Où réside sa source et son tarissement.
Celui qui est de l'être et son apodictique
Est le rideau tiré devant l'avènement.

2.

Ce que rien ne produit depuis un art implexe
Et qui tire anomie de la nécessité
Pour ne représenter dans le monde que soi,
Simplicité de forme et nulle forme adjointe
À l'*auctoro* formel où s'affranchit l'esprit,
Cela rompt en visière une patience veuve
Où de nombre et raison procède l'espérance
En l'empire formel où le vouloir est l'être.

3.

Sois l'idiot du rosaire animant la semence
Afin que l'être entier s'extravase du fruit
Dans une déhiscence où toute la parole
Est signifiée par soi dans l'invocation.
Sois celui qu'un mutisme étrange et réjoui
Rapporte à l'*auctoro* suprême et qui triomphe
À cette extinction de tout désir en l'âme,
Signe pris dans le jour et dans quoi prend le jour.

Livre Deuxième : L'Ordre des Choses

IV. De l'intention

1.

Il est dans l'ordre mis par l'humain *auctoro*
Sur la partition vacante du vivant
L'intention que désir soit enfanté de soi
Par le cantonnement de l'autrui dans sa forme.
Or, sa dissolution dans l'être de conscience
Pousse à l'inflexion vers soi du désirant
Non que l'objet posé soit reconnu sa mue
Mais en tant que conscience enfante au même élan.

2.

L'intention de l'être est vacance logique
Et l'on entend de l'être un silence abondant
Sous le geste formé par un verbe vicaire
Offusquant et servant l'épiphanie sereine
Et le recouvrement par l'ontique *orior*
Ou la substantiation de toute forme en soi.
Ce qui progresse en soi charrie de la substance
Une persévérance aliénée dans la forme.

3.

L'intention qui travaille à ses soustractions
Tient son commencement dans l'intention diffuse
Et s'en trouve le siège afin de procéder,
Depuis l'intention même, à son retour aux formes.
L'intention de former vaut corps transcendantal
Car, ainsi que l'espace et le temps éminents,
L'auctorat mis au monde a son commencement
Dans une plénitude sans commencement.

V. L'*Auctoro*

1.

Celui qui pose forme à couvert de la grâce
Y engage une grâce émanée de la forme.
Or, deux jugements sont deux engagements d'être
Et la même poussée de l'être en mouvement
Vers le rayonnement d'une grâce sur tout.
Rien ne s'ajoutera sur l'empire essentiel
Qui ne soit concession d'une grâce formelle
Ou d'un engagement de la forme au retour.

2.

Jean le Baptiste engage un front baigné de sel
Dans le pas à venir de l'auctorat de l'Homme
Où l'Amen est ajout de la forme à la forme
Et du département sur la mappe logique :
Il est intention d'être et concession d'un pas.
La craie blanche du jour sur le cours illumé
Du Jourdain que parcourt une barque pour l'ombre
Est l'or d'un nombre pur affranchi de sa Gloire.

3.

Ajouter à la ligne épandue sur le monde
Et sa rédemption par l'esprit de départ
Une forme engagée dans sa postulation
Comme être concurrent de sa source laissée
Répond d'humanité comme répond le trait
De la campagne infuse dans le paysage :
Une grâce concède à la physique d'être
Épitomé de gloire où la gloire se mire.

VI. Agnosis VI : Conscience de soi

1.

Il faut à la conscience une réserve vive
Où des formes de soi s'objectivent en vain
Pour fonder leur mesure et, bondées d'être pur,
S'y observent enfin non dans l'épuisement
Mais dans le devenir vivace de l'Amen
Aimées autant qu'aimant pour s'être connues seules,
Véhicules uniques de l'entitatif
En la pensée formée pour procéder des formes.

2.

Il fut fait à Marie l'annonce de Jésus.
Le monde disposa d'un signe de l'Auteur
Car, la forme annoncée comprenant sa matrice,
La bonace des ciels et l'effort d'enfanter,
La symétrie déclive abouchée dans un corps,
La nouvelle était celle d'un engendrement
Par quoi viendraient au jour femme et monde veillant :
L'épiphanie du Fils est solution du monde.

3.

Le pas pris dans le monde est entravé de soi
Et l'entrave est le pas comme elle est le salut.
Christ entrant dans le temple est la marche du monde
Ajoutant aux mansions la transcendance induite
Architecture est arche ou la viduité
De la pensée formelle affranchie de pensée.
Cheminer en soi-même abolira la forme
En tant que son principe et son ordre aveuglant.

4.

Ton Dieu commande aux champs un éveil intérieur
Et l'idéation vient au pèlerin des termes
Avec le regard mis dans le devisement
Comme un viatique pris dans l'Amen au principe.
Or, le fruit de conscience est adombré d'un jour
Et ce jour concédant l'effloraison des formes
Est la longe et le seuil de la conception :
Si conscience enfante, elle enfante le jour.

Livre Deuxième : L'Ordre des Choses

VII. Amor Christi

1.

Vous enjoignez le ciel d'attendre son moment
Ponctuant la durée de syncope effusive
Vous contraignez le règne à se poser contraire
Complaisant à la forme en sa partition.
Cependant qu'un amour offusqué de vouloir
Se concède à son corps pour qu'un sanglot s'élève,
La forme concédée s'enhardit de tarir,
Goûtant de désirer ce qui lui fut donné.

2.

L'apologue de Jean, Jacques et Simon-Pierre
Pêcheurs de nations dans la nasse sans terme
En l'onde généreuse de Génésareth
Figure dans le livre où figure le corps
Transfiguré de soi dans la dissolution
Comme la chair issue d'une concession d'être
Est l'être entièrement déplié dans sa fin :
Marées, cités, pensées, veilles de Zébédée.

3.   Ce que trouve celui qui cherche dans le livre
Un ordre des raisons sous la forme donnée,
C'est la vacance crue de la raison formelle
Hors l'essence indistincte en tant que sa raison,
C'est l'insufflation dans les causalités
De leur dépassement dans l'illimitation,
Dût la pensée courir aux asymptotes d'être,
Arraisonnant l'Amen en dépit de son cours.

VIII. Agnosis VII : L'âme fidèle

1.

Ton Dieu fut mettre un corps dans le peuple des corps
Qui s'en portât garant comme d'une cheville
À la jonction d'un monde en cheville du monde.
Où Marthe réveillant Madeleine lui dit :
« Le maître est devant nous qui répond de l'Amen »
C'est le corps principiel renouant dans le monde
Un pacte d'abandon de l'essence à ses corps
Qui se transsubstantie dans Jésus glorieux.

2.

La certitude d'être, au mitan de la vie
Serviteur de ses corps en leur divisions
Captif et libéré dans l'émergence vive
Ajoute à l'espérance en l'affranchissement
Contentement du temps dans la détresse même.
L'angoisse de la stase en l'étant défini
Convoque au souvenir du grand ciel de toujours,
Ponctuel en tout lieu tandis que passager.

3.

Le bien le plus précieux dans l'empire des corps
Est l'indistinction stochastique des termes
Où s'inscrivent les corps sous le regard des corps.
C'est dans ces ponctuations déterminées dans l'être
Par l'abandon de l'être à ses servilités
Qu'il s'y reprend et donne au regard de la forme.
L'Amen est l'amour dit à son âme fidèle
Ou l'amour dit à l'âme espérant en l'amour.

4.

L'âme fidèle au Christ est de retour au règne
Et son voyage est bon, qui transcende les termes
Alors même qu'infus dans la mappe du monde
Il en connaît le branle et les frôlements fous
Comme l'enfant réjoui de connaître en son rêve
Un fantôme de peur et l'orée d'un bonheur.
Le corps martyrisé de Jésus prend sur soi
Le péché de la forme abstraite de l'Amen.

5.

Il ne s'agit pas tant pour une âme fidèle
Et convertie dans l'être à sa suprématie
De s'abstraire du monde ainsi que fait la forme
Et de doubler le pas de la physique veuve
Que de voir d'un regard ajourant tous les corps
La beauté du créé dans l'illimitation,
La plénitude d'or en la réserve nuit,
La splendeur de la forme en sa nécessité !

IX. Agnosis
VIII : Du désespoir en Christ

1.

Vous avez retrouvé le temps : c'est un enfant
Souverain des arpents de sa course d'épeire,
Taraudé de visions cependant que rompu
Par la succession des jardins et des villes
Communiant sous le ciel dans l'exténuation
De chaque angle informé de son confinement.
C'est son épuisement qui justifie le temps
Comme un retour en soi la reverdie de l'être.

2.

L'ombre de toute forme abrutie par les sphères
Est comme un shibbolet promené dans le monde :
Qu'on y voie le sujet du devenir formel,
La croissance tenue d'une forme prospère
Ou la persévérance en le jour de ses corps
Et le retrait de l'ombre ombre l'entendement.
Dût l'ombre d'une chose envisager de croître
Elle ne croît jamais qu'à couvert de son jour.

3.

Christ est mis dans le monde ainsi que la physique
Pour voisiner la forme interdite en le temps
Non pas le temps mais l'ombre engendrant les saisons.
L'acte de charité de ton Dieu concédant
Qu'il y eût au monde un corps dégagé de physique
Ou la répercutant jusqu'à l'équivalence
À tout corps replié dans sa vacance d'ombre
Est la preuve donnée de l'ontique éminence.

4.

On attendit Lazare et Lazare s'en fut
Car son retour au monde est un engagement
Dans l'absente présence à la vie de l'ontique.
Le désespoir en Christ est refus du retour
Des œuvres du Logos à l'absence de plan.
Il est, dans la tempête de Génésareth,
L'aveuglement de cœur du pêcheur qui, de peur,
Rentre en soi pour goûter que la peur y réside.

5.

L'épreuve de la grâce est œuvre de clarté,
De transverbération de la donne logique.
La concession de forme épuisée de se mordre
Et de se succéder en écoumènes seuls
Piqués d'étendards saouls dans les vents du moment
Est cause que le cœur désespéré de naître
Avec le jour logique à ses causalités
Prend courage et renonce au faix de l'horizon.

6.

Ton Kyrie s'ordonne à mesure que progresse
Un livre où Jérémie désespère en la forme
Oubliant qu'elle instruit devant le devenir
De l'immobilité du devenir en soi.
C'est dans le plan du monde et sa logique abstruse
Que sédimente un jour disposant des natures
Et les réassurant dans la course rêvée
D'un amour impassible aux transports du créé.

7.

C'est en dépit d'amour que s'ordonne le monde
Et son temple érigé sur le temple érigé.
Ses fondations fondées sur ses fondations
Dont les causalités ressortissent au songe
Où le fou coudoie l'os du fou banni des murs
Par un désespoir fou souverain du déni,
Couronné de sa main devant ses horizons,
Singeant la satiété factice et qui soupire.

8.

Marie de Béthanie vient répandre le nard
Sur le corps de Jésus traversé d'or ontique
Ou de Sainte-Thérèse au cœur transverbéré
Par la révélation de son appartenance,
Tirée de dormition par le ravissement
De se savoir de l'être et l'être fait détroit
Pour rapporter à soi la physique contrainte
Et l'idée dégagée de l'amour souverain.

X. Parrhésie

1.

Ce qui fore les corps appartient à la forme
Et le corps qui se fore et se traverse en vain,
S'il est tout en la plaie, s'il est tout en la pointe,
Ordalie de la forme et sa confirmation,
Postulat d'abandon néantisé de soi,
Se rétracte dans l'être et ne conçoit du jour
Que la ponctuation promenant sur son cours :
La clairvoyance achoppe à la pensée des formes.

2.

Le livre est l'appareil de son anagogie.
Sa consolation de se connaître forme
Est dans la forme même en tant que sa limite.
Le style c'est l'ouvrer, l'enfant de l'homme est forme
Et revers infini transfiguré pour l'acte
Où son épiphanie fait nécessité d'être.
Il faut dire l'amour contenu dans les termes
Et des termes d'amour la forme exténuée.

3.

L'entendement de l'être est en l'être et partant
Consubstantiel au terme entendu dans l'idée.
C'est en la partition du monde que s'entend
La cavité des traits aux retraits de l'essence.
Le jugement porté suppose émanation
De l'être en une forme et c'est son appendice.
Le corps est terminé par une idéation :
Conscience est immanence et retraite d'amour.

4.

La parrhésie du Fils est limite du Verbe
Et moment souverain où, du Verbe sans cours,
Les logia ponctuent le point d'orgue amoureux.
Le corps de Jésus-Christ est enfant de physiques
Inégales en poids dans le globe de l'être
Car l'une est la parole ordonnant la parole
Et l'autre l'éminence infinie de l'Amen :
La vérité posée transcende la parole.

5.   C'est en ce qu'elle dit, pour les siècles des siècles,
Non point ce qu'elle dit mais une appartenance
Au bourdon recouvré de l'unique parole
Que la gorge du Christ est tout l'être formé.
Le Christ est formation de l'Amen en la gorge
Abondant en parole et découvrant son terme
Au moment souverain où, n'y ayant plus cours,
La parole le cède au silence d'Amen.

XI. Sainteté de la Croix

1.

Giotto di Bondone voulut Jérusalem
Dans un angle du ciel qui lui concédât borne.
Y dégouttent les corps incrédules des siens
Comme un éboulement de la physique en Christ
Appesanti par l'âne en la composition
Tandis que, dévorant un jour passé de chic
Que court absurdement le même ange itéré,
Les crevés de leurs nimbes exsudent les élus !

2.

La croix mise sur ciel sous la forme du Christ
À l'arête du morne achevant le chemin
Forme un épitomé du règne du Logos.
Le plan du monde est là, tout entier ramassé,
Que repousse et que boit, dans un mouvement clos
L'unité spirituelle infuse en la matière.
C'est là la vision qu'impute Jésus-Christ
À l'esprit distingué tourmenté de ses termes.

3.

La croix forme l'image, où qu'on la veuille appendre,
De la partition du monde en des mansions.
Le corps martyrisé repose sur les termes
Et les propriétés corollaires dans l'ordre
Ou ces causalités dont les propriétés
Constituent solution sur la scène torchée
Dans un stuc emprunté pour que, du désirant,
Procède un monde propre au désir dégagé.

4.

Le peintre est un patient, qui applique la croix
Non sur la vacuité d'un ciel vidé de soi
Mais sur la plénitude se réitérant
Dans la dévoration de la forme et du signe
Où toute forme est prise, échappant à son centre,
Pour qu'un monde accédant au désir pris dans l'être
Annonce en creux la voie d'un désir dans le même,
Illimitant la quête et le contentement.

5. La croix sur quoi le Christ épuise le vivant
Est l'asymptote au pied de l'arche ou de l'image
Où, manifestant masse en se griffant de traits,
Par exemple l'orée de la scène du monde,
L'être épuise un désir pour son exhaussement
Vers la présence sûre et, pour cette raison,
La certitude pleine et le cours éternel
D'une altération nécessaire et donnée.

XII. Via Crucis

1.

La raison se dispose à l'arraisonnement
De ses formes versées dans leur cause effective
Éprouvée dans l'objet que fomente raison.
Et la circulation de cet Ouroboros
Anéantit le cœur répondant de l'essence
En enfant que confond l'œuvre de son désir
Ou la concession de l'être à cet œuvrer :
La raison de la forme est son chemin de croix.

2.

Avec Jean de la Croix rapetassant son livre
Et, le sachant perdu, lui confiant ses heures
Contempteur d'acédie mais Christ aux oliviers
Devant qui tout s'éteint de ce qui faisait flamme
Et flamme cependant de sa flamme en allée,
Ton pleur est dans le cours de l'abondement d'être
Et le livre s'est tu par-delà son objet,
Croissance depuis soi d'une forme laissée.

3.

L'espérance en le livre appartient au sujet
Qui fait don de physique à l'objet retranché
Dans des termes posés devant la conscience.
Comme de deux donnés semblablement de l'être
Une espérance place au front du devenir
La belle endogamie concédant que s'annonce
En l'objectivation de l'une la seconde
Ou sa rédemption dégagée de l'objet.

4.

Le corps du Fils de l'Homme est descendu de croix
Lors, c'est comme une étoile impatiente d'aller.
L'épreuve surmontée de la direction
Dans l'aire échiquetée compassée sur la vie
Vaut promesse d'unir une voix qui nommait
À ce qui va sans nom concédant qu'on le nomme
Afin qu'itération du terme issu de l'être
Confine au bégaiement du sage en mutité.

5.

L'imputation du Christ en la chair concédée
L'autorise à connaître à sa limite même,
Au commerce de forme assurée du vivant,
La mêmeté de souche et de destination.
Dérivations de l'être en des ipséités
Séparés pour qu'un ordre annonce l'éminence
Et transcendances d'ordre en l'amour le plus grand.
Le martyre du monde et son désir le fondent.

6.

Il n'est point d'autre voie que celle de la croix
Sur la mappe du monde où son centre est fiché
Tandis que l'affluence et la rigidité
De ses bras font paraître à la concession d'être
Une rose des vents pour qu'y meurent compris
Des objets circonscrits dans la crucifixion.
Il n'est point d'autre voie que celle de la croix
Qu'abolit au repli le jour sécrétant l'ombre

7.

La formation d'idées ressortit à la croix :
Vois l'être aporétique advenir indocile,
Un papillon cloué sur la persévérance
En la croix de la croix reniant sa demeure
Et son enfantement dans ce qui ne s'entend
Que depuis l'admission de l'incompréhension
Puisque, retraite en soi du monde postulé,
L'éminence de l'être excède sa pensée.

8.

On ne reçoit pas l'être à mesure de croix
Rien ne peut se comprendre hors la forme comprise
Il manque à la conscience à ce point du désir
Où conscience forme un désir de soi-même
Une conscience imbue de sa satisfaction
Par le dépassement de l'idéation.
La chair démantelée sur la section des croix
Figure un jugement borné par son désir.

9.

L'idéation des fins forme un confinement
Dont Jésus concédé transsubstantie les fins
Non comme la nouvelle ou la révélation
D'une terminaison de la forme en un acte
Interprété dans l'être à l'arête d'un gouffre
Mais comme l'étroitesse et l'angoisse du corps
Exhaussé par le jour transcendant qui le hante,
Son terme de toujours et son commencement !

10.

L'être est posé comme être et concède du monde
Un devisement vif satisfait de désir
Ou content que lui soit concédé de quérir.
La dévotion moderne est levée d'immanence
Ou rapport d'immanence à son appartenance
Le désir de toujours rencontre son désir
Dans l'être en quoi la forme est un songe d'Amen
Éminence en l'Amen d'un désir aboli.

11.

Tu transcenderas Christ en une anagogie
Posée par son corps même emporté dans le monde.
À ce point du retour où la gloire advenue
Forme un envers du sort et la résignation
Le cède au jour conçu de la nécessité,
Le grand amour enfin dans l'hypothèse ontique
Seuil et terme de soi, thèse en un devenir,
T'enfante avec le Fils pour te rendre demeure.

12.

L'ordre des choses mis dans la raison formée
Objecte dans l'essence un terme qui le fonde.
Or, ce terme objecté posé devant ses fins
Fait objection de soi comme un arpent de l'ombre.
Puisqu'il est en ses fins irréductible à soi
Et l'objet justifiant l'objection de ses fins.
L'ordre pris dans le monde est abstraction de l'ordre
À l'objection des fins qui l'enclosent en soi.

13.

La voix de Silesius dispose la conscience
À recevoir la forme à son stade sublime
En tant qu'entrée dans l'être ou sa dilatation
Par le chas d'une aiguille arrêté pour mener.
Tout est dilatation d'immanence en l'Amen
Et l'assomption des corps est leur écho sans fin
Délivré de son mètre et de l'achèvement :
Rien n'a nécessité qu'il y eût nécessité.

14.

Voici l'Homme et son temple ample comme l'Amen
Embrassant tous les temps et foulant cependant
La terre rose étale en son itinéraire.
Voici la fermeté du Christ et son domaine
Aliénés dans la forme et le détroit du monde
Afin que fût tendue devant le corps souffrant
Les mille morts du corps défini de soi-même
Une main secourable interprétant l'espace.

15.   Voici l'Homme guidant comme un pasteur de
masques
Une nuée tenue dans un désir tenu
Ménageant des chemins à mesure d'Amen,
Sinuant dans le monde en son vice formel
Ou la concession qu'objection du désir
Fût séquente au désir et que sa Passion
Fût nouvelle d'amour en terre d'Israël
Corps griffé de tout lieu dans la trace du monde.

LIVRE TROISIÈME :
LE MONDE

A. Le feu

Livre Troisième : Le Monde – A. Le feu

Pour Jean-André Albert (1903-1989)

I. Monologue du fidèle

1.

J'écouterai dans l'ordre de ma possession
La conscience amie reconnaissant son jour
Qui réduit à soi-même ainsi qu'un feu roulant
L'appréhension de l'ordre et la chaîne des causes.
L'espérance est la bride abandonnée dans l'être
Et la confiance mise en la passion du monde
Comburant les tréteaux de sa scène peuplée
Forclose de son lieu pour en faire un soleil.

2.

La violence est patente à quoi le Fils émerge
Abattant dans le temple une cité fondée
Pour la résolution de la vacance d'angle
La présence du monde est sa cause cherchée
Vivre vaut terreur crue des causes différées.
Le jugement d'Amen est d'un abord igné :
L'aveuglement précède, exhaussant le désir,
La promesse d'amour au regard immolé.

II. Silence de l'être saint

1.

L'Esprit parle pour Dieu dans le corps de son fils
Mutité secourable en tant que solution
De toute cause en l'homme et l'éblouissement
De l'ordre détaché de son objection
Comme question posée dans la chaîne logique
Où service du terme en la compréhension
Fait lisibilité de lisibilité :
La connaissance pure est litière des causes.

2.

La fin de sa nature est un feu dévorant
Qui bourrelle le corps disposé dans son ordre.
L'appartenance à tout vaut incendie des terres
Allouées aux nations dont le dénombrement
Confine à l'incendie de leur objection.
Cependant la nature est la saison venue,
Le miracle tenu du soleil concédé
Puis la saison nouvelle engendrée de ses ciels.

3.

La vie d'éternité requiert une ignition
De la mappe formelle enrichie d'appendices :
Oiseaux lancés dans l'air par les sinuosités
Des nuées reflétées dans la vertébration
De la rive tourbeuse accouchant de vergers.
Tout est ordre dans l'ordre et c'est sa conséquence
En quoi l'esprit s'altère, avide de connaître
Au règne où connaissance est abreuvée de soi.

III.   Du vers

1.

Le midi s'affairant sur la tuile stupide,
L'échine privée d'ombre au flanc du baptistère
Image un concetto de l'être révélé
Par la patience fruste d'un linéament
Réduit à sa merci de forme sidérée.
Débarrassé de soi par un jour acritique,
Immergé dans l'Amen apaisant sa béance,
Le plan du monde cède aux échappements d'ombre.

2.

Ce que Jésus n'est pas que son Père n'est point
C'est la volonté d'être attestée dans un feu.
La distance objectée dans la marche du monde
Aliénant le désir et son itinéraire
Est le feu que transcende en la voix du baptiste
Un feu tiré d'Amen comme l'eau du Jourdain
Dont la portée distraite est celle du vivant
Distingué du foyer départi du foyer.

3.

Quand l'orage menace au fronton de Sidon
La physique figure, avant qu'un phénomène
Ne vienne enclore en soi la forme châtiée,
La mise à bas du temple en tant que formation.
Assure-toi d'un vers signalant par son cours
La vanité du règne en celle de l'accent,
L'éminence fondant depuis la mutité
La parole d'Amen ivre de prosodie.

4.

Ce qui se dit du monde au feu des *logia*
S'y dit depuis le feu dévastant les mansions :
La parole du Christ est un feu suturant
Le corps martyrisé du corps martyrisé.
Le feu mis dans la gorge et qui forme son joug
Délivre de sa peine un poème du monde
Appliqué dans l'étude et la mesure impie
De ce qui se conçoit comme un terme de soi.

5.

Parole de Jésus selon Luc et Mathieu :
« La géhenne de feu soit promise à celui
Qui de la distinction fait procéder l'offrande ».
Le service de Dieu dans le règne formel
Est sa mise en péril en vertu de l'amour
Qui pose qu'un défaut de la race des signes
Les prive de raison supérieure et du feu
Dans quoi raison s'immole à raison de l'amour.

6.

Parole de Jésus chez Luc le médecin :
« Je suis venu sur terre y apporter un feu
La distinction naîtra du baptême promis. »
Or, cette distinction promise au plan du monde
Est sa sujétion du temps de révérence
Où la forme contrainte en ses fins immanentes,
Comme le tillandsia comme un corps lithophyte,
Procède de néant par réserve de l'être.

7.

L'œuvre de Jésus-Christ est une saison dure
En quoi toute la forme éprouve sa limite
En tant que formation de limites de forme,
Épreuve née de soi dont découle une peine.
Comme à Lag Ba'omer un jugement chanté
Fête Rabbi Shimon incendiant la terre
Afin qu'épuisement des fermetés formelles
Vaille retour ontique au terme d'une nuit.

IV. L'esprit de servitude

1.

Le livre qui fait angle en emportant la voie
Dit de l'ordre non pas la disposition
Mais la solution propre à la forme posée.
La parole aurait terme en l'impuissance d'être
À combler les objets qui arpentent l'arpent
Si ne demeurait prise en les plis de la forme
Ou l'angoisse immanente à ses emportements
La veilleuse d'Amen infuse dans le temple.

2.

La servitude est une en chacune des formes
Entée depuis la cause efficace et sensible
Et dont nécessité fonde nécessité
Comme, outre la clôture, la certitude ancrée
D'une ove figurée dans l'absence d'enclos,
Déroulant déroulée depuis soi jusqu'au terme
Où le terme repris s'explicite sans terme :
Une dilatation s'excédant en l'excès.

3.

Le report sans dessein de la musique veuve
Inspirée de soi seule à l'aplomb de l'Amen,
Immolant au grand jour ses arpents algébriques
À l'idée du point d'orgue assis en mutité,
Patience et repos de la composition,
Vaut servitude sage à la rédemption
Du confinement fou de l'être en ses mansions :
Le Maître d'Eisenach est un corps glorieux.

4.

Les déduits de l'esprit séduit par l'or causal
Le rapportent à soi comme un pasteur de Tendre
Adresse au pâturage une âme divertie
Par les estimations d'un ordre recouvré.
Autant vaut pour le temps procédant de ses sauts
S'abandonner au stade où l'esprit le contraint
Dans l'assertion formelle autorisant le pas
Tandis que le travaille un retrait de pensée.

5.

Montaigne cahotant dans la crotte du monde
Affronte à son rebours l'imposition des formes.
Or, le branle de chose où commerce la pente
Avec sa transcendance est l'échelle où Jacob
Perd et recouvre en soi la prose célestiale
Y formant corps du monde et pain de communion.
Le service du Fils est souvenir promis,
Nouvelle du retour au grand amour enfin.

V. Le grand amour enfin

1.

Vous aviez un soleil : il est compris en soi.
Il cédait à la lune : elle est comprise en soi.
La terre fondait ciel sous picotis d'oiseaux :
Ils sont compris en soi dedans la fermeté
Concédée pour que l'être abonde dans ses formes
Au point d'ignition de la forme levée,
Transfigurant le monde en son étreinte vague
Issue de nulle part et l'aube ponctuelle.

2.

Comme le temple allait se peupler d'aventures
Butant au carrousel de ses angles têtus
Et revenant à soi dans des élans mortels,
Le livre dénombra les familles lancées
Par le devisement du monde en des maisons
Et jugea que le monde avait assez de noms
Dans quoi l'être trouvât pour sa bonne nouvelle
Assez de nœud physique où raviver son feu.

3.

L'entreprise du Christ est un dénombrement.
L'apostolat figure une ambassade d'être
Sise en le corps élu valant pour chaque corps
Et n'en valant aucun qui s'y connaisse au terme.
C'est d'un corps dénombrant les corps mis dans le monde
Et s'y imputant comme ambassade ou remords
Que s'abat la fureur sur les angles du temple
Enfantant l'angle nuit d'un désir né des formes.

4.

Le débord amoureux rend justice à l'amour
En cela que, fondé dans le goût de l'objet
Dont l'altérité nue recouvre l'immanence
Il intègre et dépasse, en un corps absenté,
Non tant la partition que l'éminence tierce
Où la causalité de deux êtres s'immole
À l'aspiration par l'amour excédé,
Résolution d'amour irréductible aux formes.

5.

Dhul-Al-Khifl prédit dans son livre de feu
L'extinction des nations fondées en ce désir
Que soit au monde un règne indivis de mansions
Distinguées par la guerre et la subornation
De l'apostat dans quoi s'incarne la mansion.
Or, le vivant procède au sacre de ses peuples
Et de son paysage afin que s'y abreuve
Un être miroitant dans ses échos distincts.

6.

C'est la dilatation du transport amoureux
Vers l'absence d'objet défini dans l'amour,
Hypostase de soi dans l'être où se déplie
Toute forme amoureuse en l'infini de soi,
Qui pose dans le monde anagogie du chant,
Témoignage du livre en tant que sa nouvelle.
Christ est l'œuvre d'amour excédant en sa forme
Une nature inscrite et soustraite à son plan.

7.

Le grand amour enfin traverse ses arpents
Concédant qu'aventure unisse les mansions.
L'effort persévérant en soi-même en l'espoir
Qu'un désir souverain rencontrant son objet
Le confine en son terme afin que le désir
Se comprenne en sa cause et demeure son terme
Est la longe tenue dans le règne formel
Par l'amour souverain disposant de ses formes.

8.

L'abandon de l'amour aux termes du désir
Est la longe passée par l'amour souverain
Sur l'échine logique et sur l'architecture
D'un naturel critique altéré de retraits
De sorte qu'un désir épuisé de connaître
Et connaissant assez pour que la connaissance
Instruisît le désir de son appartenance
Exténuât le désir en le vouant à l'être.

VI. Prophètes

1.

Toute la gloire entée sur les replis du monde
Et bornée par les traits issus de l'indivis
Vaut comme étreinte propre appliquant à la forme
Un écrou balançant dans l'appel à son tour.
Un jour impérieux le rappelle à sa tâche
Y laissant circuler dans la physique veuve
Un ordre repoussé dans l'ordre glorieux :
La clôture du monde est béance en son clos.

2.

Vous avez reconnu le jour même en un corps
Martyrisé pour l'homme ou transverbération
Du corps d'humanité par son commencement
À distance d'exil et de paternité,
Expansion de physique au point de connaissance
Et reprise en le terme échappé des confins
Comme tous les soleils à l'ouvrage des mers
Dont le reflet refuse à l'onde son repos.

3.

Le vivant se connaît par pans laissés de soi
Dans le miroitement de la nature faite.
Et l'effort du voyant reprenant la vision
Consiste en le nouement de l'essence partie
Jusqu'au point reconnu par l'ordre du regard
Où l'abduction sublime achoppe à la rencontre,
Réflexion de sa joie dans le corps épandu,
Causalité partie par le monde aveuglé.

4.

Le seigneur de lumière abonde en connaissance
En tant que connaissance est fracas de la glose
Et son soubassement dans l'idéation.
Ce qui vient fait le fond du partage physique
Et l'annonce d'un monde est sa reprise en l'âme.
Mani de Mardinu, dans sa vision d'avril,
Voit traces du levain du règne nitescent
Dans le foyer du peuple et les fins des nations
Prophète d'une nuit séminale et sauvée.

5.   La prophétie bourrelle ainsi qu'un feu têtu
Puisqu'elle impose terme en la parole faite
Alors que l'abandon postulé de tout terme.
La parrhésie d'Amen exsude son levain.

Le livre se bâtit depuis la tarentelle
Où le signe convulse en sa dernière instance
Au lever de la joie dans quoi sa transe fonde
Affranchissant les ors de son nombre posé.

VII. Des actions de Grâce

1.

« Noli me tangere » dit le Christ à Marie
Lui enjoignant de rendre, en un retrait du monde
Le monde à son domaine exaspérant le monde.
La surface physique appliquée sur la nue
Globule dans son terme appendu dans l'espace
En tant que de l'espace une vision te rend
L'illimitation ravisée dans le plan
Laquelle vision procède de la Grâce.

2.

La Grâce assigne au cœur une aventure pure
Épuisant le donné dans la soustraction
D'un corps s'y épuisant, rapportant à son champ
L'expérience du champ de son confinement.
L'échappement dans l'être est téléologie
De deux corps dont physique est veuve également :
Corps extrait des confins d'un corps vidé de soi
Viduité d'un corps achevé dans ses fins.

3.

Le livre abonde d'ange intimant que s'annonce
En les formes chacune un terme des confins.
Dégagés de l'essence et trompettant aux bornes
Inscrits, comme des cils incommodant la vue
Tandis que, soulignant du regard amoureux,
L'adresse du regard au regard amoureux,
Les anges sont le trait valant pour son extase :
Une Grâce induite en son tournoiement sûr.

4.

Ton action de Grâce est supplique à mercy :
L'épuisement critique immanent à ses corps
Au désespoir enfin de l'arraisonnement
Trouve en l'idéation sensible et son recours
Et sa terminaison comme progrès d'un corps.
Non que l'avènement de l'être dans ses formes
Équivaille au triomphe impérieux des siècles :
Le jour est dans la forme et n'y accède point.

VIII. Néant de soi

1.

La vision du cloaque ouvrant dans l'horizon
La sente s'inclinant sous la sente affolée
Contrarie l'ordre étal inscrit dans la pensée
D'une béatitude immanente au sujet.
Promené dans le monde afin que s'équilibre
Un rapport de sa force aux forces du vivant,
L'auctorant trouve au point de tel contentement
L'empêchement majeur de son premier principe.

2.

La sainte dormition vaut veille transposée
Dans l'aire lumineuse où la matrice accueille
En l'invagination de ses termes mondains,
Non le corps immanent à son engendrement
Mais l'engendrement même irriguant dans un corps
La plénitude inscrite en son orphelinat,
Défunte en sa joie même et veuve de présence,
Apôtre essentielle et grosse de son ange

3.

L'hôte de son principe est un recouvrement
Par quoi le terme inscrit dans la partition
Ne conduit nulle part outre sa finitude
Au cœur d'un spasme insigne où le redoublement
De l'être dans sa forme instaure nulle part
Extravasant le jour de la griffe nocturne.
Deux ordres sont le même, en quoi l'élan brisé
S'exhausse en un principe excédant les portées.

IX. Dies irae

1.

Réduite au feu sapant par le feu trépassant
L'appareil des départs et l'épaisseur des clos
La parole articule un dit silencieux,
Privauté d'indicible affranchie de son terme,
Ébaubie de connaître en son dévoilement
L'explicitation de sa colère vive
À la vue du semis satisfait de lever :
Dieu met au monde un peu de son impatience.

2.

Une volonté sise en le monde est du monde
Et faculté du monde est développement
Saisi dans l'immanence à la pensée du monde :
La présence est frangible en sa nasse logique.
Le plan du monde affleure à cette volonté
Qui n'est cause de soi que depuis l'itéré,
Volonté redoublant, en sa causalité,
Volonté redoublée dans sa causalité.

3.

L'hénade de Proclus insémine la forme
Afin que ses mansions s'excèdent en l'Amen.
Ainsi de la vapeur idéée par Mani
Reprenant à la nuit son cours inexorable.
La tension du monde appareillé dans l'être
Embrasse en une lave infuse dans l'objet
La concaténation des atomes partis,
Séquences terminées d'une terminaison.

X.   Les Heures

1.

Le Fils est espéré dans le temple parti :
Les mansions du monde ont appétit d'un don
Rapportant au Levant l'étiage des formes.
Voici le Fils conçu dans le ventre de l'ove
Étirant pour jamais la globulation
D'un être en devenir immanent à sa cause
Et devenu le corps sacrifié de la borne
Sur quoi le monde pleut, l'ayant assujetti.

2.

Providence est chemin de l'ange dans le monde,
Évoquant le secret de ton peuple des songes,
Enté sur le berceau nervuré de scansions
Comme un poème vain tirant de vanité
Toute sa beauté. L'ange accomplit le chemin
Comme il arpente en frère un monde fait chemin
Devisant et tirant de son devisement
Non point le monde peint mais sa ductilité.

3.

Les heures font le corps et l'arpent de son pas.
Une nécessité que fût accouplement
De l'ordre diphysite et de sa prosodie
Concéda que le monde affranchi de son ciel
Au point qu'il en devînt justification
Marchât au fil du temps dont l'élasticité,
Rapportant à soi-même un temps délivré d'heures,
Vaut évocation de l'Amen en l'ahan.

4.

Il n'est point de départ entre le monde peint
Dans le mètre établi, par concession de l'être,
En la nécessité que soit un mètre au monde
Et la substance infuse et qui, sous les arpents,
Formant une syntaxe où se mire et tarit
La logique donnée afin qu'elle emportât
Dans sa fin sa portée, dans son terme l'envol,
Lève depuis les nuits édifiées par son cours.

5.

Il faut imaginer Plotin devant la vie,
Paysage tiré du pays reporté.
La pensée n'échoit pas au monde en un présent
Du céleste adventice en quoi le feu contemple
Une dévastation de sa fermeté libre :
Elle est de monde et d'heure, immanence et repos,
Transcendance impliquée par l'étirement fol
De la cause diffuse immanente à la cause.

6.

Händel t'a beaucoup dit des bienfaits de l'Amen
Et du rapport signé dans le monde des formes
Entre le chemin d'heure et la persévérance.
Son art est concession de toute providence
Ou de la providence échappant à ses heures.
Ainsi le chant borné par mesure et couleur
S'exhausse-t-il en soi comme le corps du Fils
Évidé par son comble ou comblé de vacance

XI. Psaumes des Vêpres

1.

L'Ange dit à Tobie : « promène dans le ventre »
Et le monde est poisson compliqué de toisons
Floraison de l'entraille et gueule découverte
Où la marée répète un mouvement réglé
Par l'ordre de la lune ou de son doublement
Dans l'idée du pêcheur gouvernant a compas.
Le ventre est arraché, qui procède des signes
Et va comme Empédocle en lave se reprendre

2.

Et Tobie dit à l'Ange « est-il un devenir ? »
« S'il est un devenir il est tout en le père
Et laissé dans le monde afin qu'un songe fût. »
« Guérirai-je mon père au lieu de mon départ
Et prendrai-je Sara pour épouse en un terme ? »
« S'il est un devenir il est tout en le père
Et laissé dans le monde afin qu'un songe fût. »
La fortune est un songe apprêté pour le pas.

3.

Brumes roses d'Homère où les gorges ahanent
Épaules de l'orant que mortifie le faix
D'un temple devisant en son naos obtus,
Maternités de terre imputées aux mansions,
Ridules d'océan préfaçant l'horizon :
Monde pris dans les rets de la vie séparée
Tranchant en soi la vue de son enchantement
Pour que le siècle advienne au caprice critique.

4.

Sara court Asmodée lors qu'il y sème un trouble
Originant le mal qu'un baiser visse en chair.
Ainsi la providence oblige l'auctorat,
Lui concédant que monde ajoute à sa nature,
Une nature infuse en sa nature même
Dans un geste éperdu d'affranchissement beau
Tandis que le parti s'acquitte de l'offrande :
Il faut au corps glorieux refaire une alliance.

5.

L'entendement d'Amen est *acmé* de tout lieu :
Les départs de la terre y confondent leurs tours.
Dans le ravissement de leur suprématie
Le sens et la pensée font matière d'un monde
Et le pays s'exhausse en une bonne sève :
L'immanence des joies le découvre l'enfant
Concédé dans le monde afin que la vision
Vît la lande rouler sous les piliers du temple.

Livre Troisième : Le Monde — A. Le feu
XII. Passions

1.

La vie reproductible est entravée de sens
Et forme une syntaxe ou réfutable ou morte
Étrangère à l'idiot solitaire et confus
Promené dans le terme en consomption de soi.
La fermeté du monde est vocation du sens
D'une pensée finie. Que ton Fils idiot
Délivre de syntaxe et de caténation
La lande compliquée de mappe molochique !

2.

L'exercice du monde où s'abandonne un sens
Au contentement rond de son itération
Fait épreuve dans l'âme en quoi la part du jour
Exsude en consomption de l'ordre des pensées.
L'enveloppe ténue du portulan des mondes
Fait eau comme elle bout de voisiner son sens
Ou bien d'y culminer sans solution de cause :
Le monde est né d'amour du simple et du semblable.

3.

La dormition dans quoi l'esprit lève en secret
Comme la moisson lève et figure un repli
De l'être sur le plan procédant de la forme
Est un engendrement de la course amoureuse
Éperdue de rencontre et se reconnaissant
Dans l'aventure étale et le progrès venu.
Le soir du monde arase, en dépit d'auctorat,
Les méplats ordonnés du nombre de son temple.

4.

Un cycle se distingue, où le corps dévoré
Cède à la perception de ses traits d'intérêt.
Le nombre disposant de latitudes neuves
Induit de la lueur un empire de nuit
Dans quoi se considère une veine finie
Depuis la finitude empirique d'arpents.
L'auctorant singe Baal affranchi par hubris
Et dont le phénomène est la résolution.

5.

Dans les traits de la Face appliquée sur le monde
Ouvre la face amène et s'étirant en soi,
Souriant de sourire en les siècles des siècles.
Et le sourire étrange assis en son report
Où l'Amen est entier lors qu'il en est l'excès
Te vaut mansion nouvelle évidée de raison,
Transcendante de soi quand même procédant
De la chair infondée répercutée toujours.

XIII. Sumptio

1.

Afin que se reprenne la nécessité
Le corps intercalaire est jeté sous le monde.
Et, martyre du monde émargeant à ses traits,
Comme la face veuve épanouie de connaître,
Outre sa solitude et son contentement,
La solution du monde en un reflet perdu,
La physique, étonnée par son inquiétude,
Abonde dans le corps où s'énoncent ses fins.

2.

L'Amen est par son fils mortifié debout,
L'adresse verticale au temps levant en soi,
Qui le mande outre terme et reprend en l'amour.
Le rapport de l'amour abondant en ses formes
Et suscitant à forme, en son terme content,
Cette ductilité de l'espace et du temps
Conjoints dans le report apaisé de l'amour
Est reprise et recours de l'âme captivée.

3.

Ton livre ajoutera, dans les termes du livre,
Une inquiétude infuse au spasme de ses traits
Doublant l'étonnement d'une arythmie votive.
Il adresse, à l'amont de sa vocation,
La prière du Fils ou l'évocation
Du règne en quoi le livre est l'oiseau de Noé,
La griffe concédée dans les termes griffés
Dont l'épreuve est de dire un silence qui fonde.

XIV. Retraite de l'essence

1.

Le retrait de l'essence outre son devenir
Fait la virtuosité du lacis de ses traits,
Délivre l'arpenteur et le scribe des jours
Et consent que le monde ait écho de tout cœur.
Le nombre de ce livre en quoi le monde abonde
Est l'absence entendue du livre dans son ordre.
Il n'est de plénitude, en le jour de l'Amen,
Qu'annoncée par l'écart immanent au sillon.

2.

Jérôme de Stridon repose en un désert
Tandis que, véhicule évoquant l'éminence,
Un ouvrage fait route au revers de son livre,
Étonné de s'épandre en soi-même et dans l'être,
Infiniment la lettre et son cœur affranchi
D'une chair de la langue arrogeant à ses signes
Une toute-puissance au règne de parole :
Ton livre est son relief au défaut d'édifice.

3.

Le retrait de l'ontique est cause que le signe
Enclose sur le signe en un dépit cruel
Où le signe se meurt et le livre exténué
Trouve un corps où le corps fait ombre au lieu que d'être
Une orée de la vie concédant à la vie
La présence aux confins couronnés d'aventure
Et quêtant le départ vers la cause amoureuse
Au terme de tout terme ambassade des fins.

4.

Ce qui demeure a corps en Jésus cheminant
Dans cette lande obtuse où se rengorge l'angle
Et fleurit le tracé comme un viatique sûr
Pour le pas rencontrant l'absence sous sa nuit
Comme le fou la gloire aux îles postulées.
La passion du Fils est celle de la nuit
Résolue dans le siècle ou roulant en son signe
Et le beau renouement concédé dans l'Amen.

XV. Présence dans l'Amen

1.

La voie droite étonnée s'attelle au jugement
Et fait droit au relief émanant de la nuit,
Procédant du dépit de son entendement
Que consument mémoire et son pressentiment.
La conscience sans fond dévore de critique
Une heure signifiant dans son épuisement
L'absolu de conscience au terme de ses termes :
Le corps est concédé depuis le jugement.

2.

Vous tenez en l'Amen un désir affermi
Concédant dans le corps que le corps soit désir
Reportant dans le corps le désir d'outre corps.
Vous avez fermeté dans l'Amen et le Fils :
Le corps sacrifié de la physique veuve,
Étirant outre soi le règne matériel,
Vaut concession de l'être et signe que portée
Fut infuse en la vie pour qu'elle s'en délivre

3.

Le cœur pressent que l'aube est éternellement
Concession de l'Amen aux formes du vivant
De sorte qu'il connaît depuis les Orient
Qu'une faculté d'être est la formation.
Or, ce qui lève, plein de son entendement,
Concède au jugement de s'aliéner en forme
Afin qu'exténué d'entendre dans des termes
Il émane de soi comme de la matière.

4.

Il n'est point d'ordre en Dieu qui ne vaille immanence
Aux formes concédées par le livre des choses
Où l'être se reprend dans l'abandon des corps.
Le Fils advient au monde afin que la matière,
Épuisée d'idéer depuis la partition,
Recouvre l'immanence et la vocation :
Un feu délicieux sous-tend la création
De sorte que l'amour y promène à son pas.

LIVRE TROISIÈME :
LE MONDE

B. La terre

Livre Troisième : Le Monde – B. La terre

À la mémoire de Jean Guitton.

I. La mémoire des formes

1.

Un grondement secret terrorise l'insecte
Et reverse sur soi la majesté du monde
Afin que, s'exposant à sa nature même,
Elle accède à son seuil et s'arroge l'Amen,
Appliquant toute forme à sa main secourable
Où l'être se rassemble et s'exile en ses fins :
La présence au dessin promené sur le sable
Atteste le repli d'une sphère sans terme.

2.

Il fallait que l'abeille eût barre sur la fleur
Et que la fleur eût grâce afin d'être le jour.
Une nécessité pose concession,
Dont les termes, comblés de leur absolution,
Forment voie dans le temps de la causalité
Tandis qu'exténuant sur son pèlerinage
Une pensée rétive au progrès de pensée
Elle la veille et l'aime ainsi qu'un enfant fou.

Livre Troisième : Le Monde – B. La terre

II. Toute splendeur

1.

L'arrogance d'un corps où termine raison
Vaut marche pélerine à rebours du progrès
Qu'annonce le retrait de la nage sous terre
Ou le grommellement de la lave indivise,
Évoquant le levant dans le ciel analogue.
La terre est le repli de la terre sur soi
Couvant des équateurs aux peuples animés
Par la concession d'une pensée des fins.

2.

Toute splendeur est mise en la dormition
De Marie disposée sous l'arche où les soleils
Font cortège à l'esprit qui dévaste l'esprit
Pour que l'élévation ne confine qu'en soi.
La couche est hypostase et l'entier univers
Immanence éternelle ou déport de tout terme :
Christ est concession, dans la mère emportée,
D'une forme engageant dans les causes des formes

3.

Toute splendeur est reine et la même en l'Amen :
Un amour secourable est extrait de la terre,
Absolution dans l'être et sa miséricorde.
Une élasticité souveraine des formes
Où la nécessité culmine en immanence
Et leur ductilité sans terme concédé
Fondent la majesté secrète et qui abonde
En la succession des fermetés de terre.

4.

Le passeur souffre en terre où la pierre vaut borne
Et la pensée regimbe à peser dans ses termes.
Un retrait de conscience arrime à l'immanence
Et la forme se prend à rêver dans la forme
Aliénée dans soi, comme transfigurée
Par la persévérance en tout lieu de ses fins :
La bastide est la brume et la brume le loup
La cloche est la figure et l'écho sa raison.

III. Misère des temps

1.

Quand nous aurons la terre emprise en le sommeil
Et le pied douloureux changé dans les planètes
Avec une douleur de toujours en mémoire
Demeurée par le corps départi du foyer,
Quand nous aurons idée de la nécessité
Que soit dans l'être terre afin que forme lève
En la sphère évidée de l'ove qui venait,
Dieu nous aura fait part de son embrassement.

2.

Vous reconnaîtrez l'homme à l'exténuation
Puis sa côte étendue de sa côte au levant.
Il est issu de cause à force d'étendue,
Sa parole est penchée dans un revers du vide :
C'est l'engeance du vif quand sa nouvelle même.
Et la terre crevée par la griffe permise
Ou la concession que soit au monde un temps
Lui fait ombre à midi dont procède l'amour.

3.

Jésus tissu de grâce a son règne dans l'aube
Et sa chair est le jour cependant, qui l'évide.
C'est un commencement promené sur la terre
Et son corps est vicaire appareillé pour l'ombre
Ou le signe en chemin par les termes griffés.
Lazare est la nuance en le nombre établi
De son rayonnement dans le nombre infini,
La figure apposée sur le livre parti.

IV. Passion

1.

Le corps fait patience au règne de sa borne
Abattu d'une flèche où le temps satisfait
Se reprend en écho de son terme pour être
À l'image de l'être inclinant devers soi
L'être même au-delà de sa griffe permise.
Or, le contentement de la totalité
Fait eau de toutes parts et la plaie de sa paume
Exsude une étendue lasse de sa pensée.

2.

L'endurance au chemin vaut celle du chemin,
Persévérance enfante une émulation.
La constance du temps communique à ses corps
Un désir de sursoir à l'abandon dans l'être.
L'Amen est concession d'une harmonie du monde
Où la forme tracée tenue dans son progrès
Dispose en la figure et d'un pair et d'un bras :
L'engendrement du signe est un signe des fins.

3.

La terre rompt le flanc puis reforme le ciel
Par l'évacuation de ses formes griffées.
Une blessure sourde est fichée dans le corps
Afin que sa partie le cède à la grand'voie
Puis s'en fasse l'embras reporté dans des temps
Que conscience critique avise dans la forme.
La substance est cette onde et son changement fol
Dont le suaire est la mue concédée dans le monde.

4.

À la terre tu livres une guerre gentille,
Inanité pesant de l'agon à son être.
Ton lever, c'est le jour tout entier rapporté
Dans le pas reposé sur la mêmeté vive
Et qui regimbe au pic et la griffe passant
Quand le sujet mené sur son chemin borné
La confirme dans l'être, y fichant ses blessures :
Les termes de la terre ont mémoire tenue.

5.   Rien ne pèse et pourtant la parole est jetée
Dans le fracas de terre où se borne à ses traits
Comme un lacis parti, célibataire et sourd,
De l'éminence ingrate abandonnant son clos.
L'attraction de la terre est, à bout de physique,
Aspiration de forme à se trouver contente.
Affranchie du recours de son absolution
La fiction du monde a son triomphe fou.

V. Miserere

1.

Il se peut qu'il y eût en toi de l'amertume
À procéder d'un Dieu dégagé de ses formes
Et vouant au veuvage un moi tiré d'usage
Ou consumé debout par la scène du monde.
Or, il n'est point de corps concédé dans l'angoisse
Ou de règne du monde assignant étroitesse
À l'appareil des champs et des mansions debout
Qui ne soit purement tout l'être en patience.

2.

Le lent travail des jours est en Dieu comme un corps
Posé dans l'immanence opposée dans le corps
Afin qu'étirement soit prodrome d'un ciel
Dans quoi Dieu met du corps afin de fondre corps
Ainsi que le tourneur d'une terre sans borne
Emporté par le tour et la rotation
De son appartenance à la cause infrangible
En quoi Dieu se reprend comme il reprend le Fils.

3.

Vous avez Israël en tête du grand mât
La terre est l'horizon dedans des nébuleuses
Et le jour est parti dans les mansions pareilles.
La nuit de descendance offusque lunaison
D'une fleur et la seule emportée de toujours
Dans la rotation démenée par les anges
En sorte qu'un pétale éclaire tout l'amour
Compris en son fragile et bel épitomé.

4.

La terre est étendue dans son terme analogue
Et levée par des ciels promenés pour qu'elle ombre
Une grand' théorie de mansions concédées.
L'*auctoro* tend son œuvre à l'Amen et sourit
Et c'est un ange chu, c'est Iblis ou c'est l'Homme.
Aventure lui manque où se perdrait son nombre
Et s'en retournerait demeurer en soi-même,
Immanence ravie de son chavirement

5.   La méchanceté d'âme a le genou posé
Devant la majesté factice de ce temple
Où l'Amen a son clos et le clos son Amen.
Dieu retire ses corps de ce corps où prospère
Une obtuse assurance en sa concession
Rapportant à sa forme une totalité
Dont l'immanence folle, ainsi qu'un pharmakos,
Est exilée de soi pour un temps dispensable

6. Intempestiva

1.

Le Moloch étendu dans sa bête au repos
Que taraude une terre apprêtée pour sa dent
Fait l'ombre promenée dont la terre est partie,
Semis vibrant de soi condamné par son ange
À mimer l'*auctoro* quand un dit de toujours
Circule en la parole et le nombre nouveaux.
Ce qui ne connaît point ni temps ni patience
A son siège en l'Amen et manque de couvert.

2.

La prétention du geste à poser dans les termes
Une décision concédée par l'autrui,
Dont la raison s'étire, emportée dans le cœur
Par l'abandon tenu dans sa complexion,
Porte un Moloch en vie dont la gueule étonnée
Singe un contentement déporté dans le cœur
Vers le néant frondeur de toute borne en l'être
À quoi la peur obtuse impute un abandon.

3.

Un contrapposto feint déhanche l'arpenteur
Vigilant au fin cœur du cercle de ses termes.
Et comme une étendue réchappée de ses courses
Émane de soi-même et s'amende en rêvant
Son rêve se reprend dans l'ascendance lue
Par Jésus relevé de sa couche embrassée
Pour figurer le monde en son ordre amoureux,
Fiancé s'épandant dans un beau devenir.

4.

Il n'est pas une terre incise sous la peau
Par le nouveau sommeil concédé dans les masses
Et dans la nébuleuse une action de grâce
Apposant à la paume un signe de l'étoile
Qui n'ait connu le Christ en mémoire de l'homme
Et de l'homme vraiment moissonné depuis l'homme
Et levant dans le ciel renaissant d'oraison
L'immanence arrêtée recouvrant renouveau.

5.

Vous aviez connaissance et la terre a repris
Les soleils amendant l'opacité des ordres.
Vous aviez contenance et le temple posait
Fermeté dans le terme et sûreté de glose.
Or, voici que la vie dilate dans l'entour
Conscience de l'entour et ponctualités.
Voici que se reprend ce qui fut concédé
Pour qu'un signe conquis repose en son delà.

6.

Jésus dit « me voici », je suis comme la lune
Accédant la main jointe aux vigies des levants
Je suis le grand désir que soit en l'ordre peint
L'illumination d'un jour y persistant
Comme une raison mise au cœur de la raison,
Comme l'esprit de terre emportée par le pas,
Comme un moissonnement de l'immanence même
Ou le pressentiment de l'être dans le monde.

7. Vous avez ajouté du temple au défilé,
Rapporté des courants dans la vague sereine.
La danse immensément nécessitait qu'on sût
Ce qu'immensément nue la danse articulait
De sorte qu'une peur contraignît la pensée
Dans les chemins tracés par une âme méchante
Où la gloire tirée d'une concession
Vaut le fruit chapardé dans la main qui le tend.

VII. Traversées

1.

La forme volubile effrange l'océan
Pour le temps du retour. Et la mer fait cortège
À la lampe reprise au caprice des vents.
L'empire de la nef outre l'onde battant
Dans l'espoir du retour de son ciel aux abysses
Est la sphère où Jésus dirige ce filet
Dont la maille est pour l'homme et la cause pour l'ange
Ainsi qu'une nuit prise en un roulis de jour.

2.

Libre de tout élan dans la portée perdue,
Sa mâchoire sur terre étendue comme un temps,
Relevé de sa quête et de l'effort d'aller,
Ton écho départi de marne spirituelle
Où fonder la pensée pour qu'elle excède en soi
Te rapporte à l'Amen où la raison défaite
Invoque son secret pour l'amuïssement :
Le règne concédé fait ton foyer nouveau.

3.

L'on rencontre en Thomas la pensée toute pure
Étirant le penser devant la conscience
Afin qu'elle y remue de son battement sourd
Et réveille la chair assise et patiente
Où travaillait l'écho de la forme entendue.
La relève tendue de la chose pensée
L'exhausse comme forme et l'abat comme effet :
La cause est l'échappée de l'ove dans la sphère.

4.

La Grâce de la terre est donnée par surcroît
Non de la terre même et pas de sa substance
Où le recours du terme est un viatique faux
Mais de l'évidement de la veine de terre
En l'ove où se ménage un règne de la terre
Et qui la perpétue comme se refusant,
Dans le recouvrement de tout corps en soi-même,
À ses confinements de figure critique.

5.   Vous rentrerez chez vous, mon amour infini
Quand le ciel de l'abeille aura comblé le jour.
Vous aurez en Jésus la voix neuve et perdue
Dans un chant que son orgue a tenu dans le temps
Puis laissé recouvrer sa course sans mémoire
Andante de l'amen, ostinato d'amour
Passacaille d'oiseaux répondant devant Dieu
Du terme des canaux devant la traversée

VIII. Communion dans l'Amen

1.

Vous avez reconnu qu'il y avait lieu de naître
En le sein de Jésus descendu par le corps
Vers le temple au fémur infesté de matière.
Le jour vous fut un jour étendu jusqu'à soi,
Relevé de son ordre et lesté de saisons
Concédant à la vie des volées de cabosses
Déhiscentes de gueule alors qu'éternisées
Par l'Amen attendri tirant cause de tout.

2.

Je suis outre le corps le corps porté dessous
Par le règne abondant dans quoi j'abonde en corps,
Devenir depuis Dieu de ce Dieu qui m'adombre,
Ou je suis le secret qui justifie mes termes.
Or, ce dieu dont j'exsude en un nœud d'impatience
Est le lieu reporté dans l'éther d'abondance
Où l'habiterai Dieu par excès d'immanence
Aux termes d'immanence ou de causalité.

3.

Lueurs qui tôt venez de la terre indigène
Où le temps vaut encor aménagement d'être
En l'appareil des champs et des étagements,
Des cimes sur le fleuve et la mer empruntée
Qui disent de l'espace et l'immanence et l'os,
Landes crues puis jardins terrassés de midi
Depuis quoi l'immanence à ses aises d'élan,
Je vous impute d'être et l'amour et ses fins !

4.

Vous confondiez le jour et l'heure devancée,
La marche et les arpents départis du galop,
Vous aviez pris le corps dans les gorges pensées
Quand ne l'entravait pas le rêve de détroits.
La terre vous fuyait, piquée du liseron
Des termes inventés pour que fût un désir.
L'*auctoro* faisait don de sa partition
L'Amen y fit levain de son absolution.

5.

Une flèche piquée dans le ciel et qui va,
Figure d'un levant cependant que son cours,
Refaire l'alliance au comble de son terme,
Évidée de présence et toute la présence
Et jalon comme élan dans les confinements
De la donne critique. Ainsi des heures vues
Dont le cantonnement benoîtement tenu
S'égueule afin que vive une vie de toujours.

6.

Rien ne s'arpentera, l'amour que j'ai laissé,
Par quoi nous reviendrons l'un à l'autre demain.
Christ aura mis la terre outre ses équilibres
Et pensé notre corps outre un songe d'exil,
Immanence de soi pour fin de notre pas.
Nous irons, reportés l'un pour l'autre en l'Amen
Le cantique et le chant, la gorge et le levant,
Les enfants mêmement du grand amour enfin.

7.

La crudité de l'âge entraîne avec les heures
Une émulation dans le temps devenu
Par quoi l'heure dévoile une proximité,
sous le temps replié pour son cantonnement,
Que la conscience touche ainsi qu'un vol allé
Dans des terres tirées de conscience et de terre
Où la fin s'explicite en une bouchée bée
Comme Dieu fait silence au bâillement de Baal.

8.

Rien ne nous reviendra, l'amour que j'ai laissé
Sur la terre où printemps valait mieux que naissance
Ou bien l'aube tirée de l'aube de la terre
Ou bien le corps prenant dans l'onde de tout corps
Ou bien l'épuisement de toute forme incise
Au flanc de Béhémoth, à la gorge de Baal
En quoi, se résolvant à complaire au levant,
L'avidité du terme accède au devenir.

9.

La bête montre au Fils une ponctuation d'astre
Et singe la distance en sa danse impossible :
« Vois comme les objets font au monde mesure
Et désir que mesure enfante dans le monde
Un désir où le pas s'enjambe en paysage.
Vois comme la beauté s'engendre dans la forme
Et la cause opérant sur la cause pour l'homme
Et toute la nature enclose et libérée. »

10.

Or, le Fils ayant bu dans le rayon de lune
Un regard étonné répercutant le sien :
« Vois comme lève, ainsi qu'un retrait de saison,
La germination de la forme en soi-même
Et comme le pays crève le paysage
Afin d'être du ciel crevant d'orage sourd
Et porté vers la mer où le corps balançant
Vaut tout corps supplicié dans la danse du monde. »

IX. Dieu sans moi

1.

Je ne puis concevoir un corps qui fût sans forme
Ou sans cause aliénée dans la forme levée
Qui la consacre forme et son ipséité
Réductible en pensée dans la pensée des fins
Dans quoi les vérités tirent forme d'autrui.
Je ne puis concevoir de corps qu'en Jésus-Christ,
Semblance de mon corps et son corps analogue :
La présence de Dieu suppose concession.

2.

Connaissance de soi vaut, par analogie,
Détermination de sa nécessité.
Comme le véhicule appendu dans le monde
Où s'étire et s'exhausse, en un bien souterrain
L'analogue impensé dont le terme amoureux
Procède de l'amour et de son espérance
Ou de l'éternité d'immanence amoureuse,
Le corps vient s'abolir en sa cause abolie.

X. Consistance d'une âme

1.

Les ondes traversées d'ondes plus étonnées
De se rencontrer sœurs au lieu que phénomènes
Interprètent en l'âme à rebours de l'idée
Tandis qu'elles défont une vigie d'aveugle
Et vont restituant du regard à la vie.
Dans leur dessin de front parcouru de jalons,
Tout le donné physique et toute la nature
Ont dans l'ombre de soi mémoire du regard.

2.

Vous avez Christ en croix mi-partissant les ciels
Et la Vierge brisée dégoutant de sa plaie,
Tous les corps de logique extravasés de jour
L'ombre cédant à l'or ou s'emprenant de soi
Les espaces tenus par l'immanence allée
Comme un vol de substance échappant à tout corps
Et le lieu vous paraît tendre vers tous les ciels :
Une île est au levant qui procède de l'île.

3.

La perfection des ciels est à l'oiseau poncif
Non point comme rivet d'une procession d'être
Échappée de l'idée pour y refaire gloire
Ou sacrement du monde arrêté dans un vol
Mais en tant que nouvelle et que soulignement
D'un être nébuleux sacrifiant en ses corps
L'amble de l'immanence au jour du phénomène
Et l'Amen au regard attesté dans le livre.

4.

En quoi suis-je fidèle et l'hôte de l'Amen
À quoi reconnaît-on que je nage immobile
Ou bien que j'aie chemin dans tout linéament ?
Quel regard porte-t-on qui soit son immanence
Et le regard des fins repris dans l'immanence ?
D'où vient que Christ ait règne en mon âme nouvelle
Et que cette âme soit dégagée du regard
Comme un monde parti du monde où je termine ?

5.   Escadrilles d'oiseaux dans le grommellement
Dissipant l'*auctoro* depuis la tension nue
D'une peau traversée par son être impalpable,
Paysages repris dans un geste où la peau
Procède du regard en l'acte de braver
La présence impassible aux arrêts de la vie :
Christ en l'œuvre de l'homme et son corps tout entier
Procède de tout lieu comme un Orient neuf.

Livre Troisième : Le Monde – B. La terre

XI. Agnosis VII : Chapitres.

1.

Vous êtes créature ou la terre incréée,
Le bocage inspiré par l'ampleur des deltas,
Le ravinement pris dans l'écorce et la mer,
L'absence de portée prise dans la caresse,
Le corps épouvanté par sa gloire annoncée,
La nouvelle des fins gagée dans la syncope
Ou le martellement de la souche et du ciel :
La comète passée dans l'insecte et l'atome.

2.

Dieu, recevez mon âme où j'ai mis mon jardin
La levée de la vie reprise dans les causes
Et tout le jour venu sans dispense de jour
Or gentiment piqué de son ombre pour terme.
Il est un empyrée dont je pressens l'Avent
Tout revient à soi-même ou se replie dans l'être
Ayant concédé corps au désir de chapitre,
Ayant goûté la forme en son contentement.

3.

Il faudra céder tout puis prendre ce chemin
Dans quoi tout chemin va s'égueulant de fossé
Par les limons levés qui veinent les grands ciels
Emportant l'escadrille à l'amble des nuages.
La fermeté sera dans le rêve des mondes,
Une raison posée concédée dans l'Amen
Et que l'Amen emporte en l'élargissement
De toute cause induite en sa suprématie.

4.

La mère ou bien le fils ou la concession
De la forme critique et de l'encaissement
Dans l'éminence peinte et dans l'angle objecté
Se désâme en la nef obliquant en chemin
Lors qu'il n'est de chemin que la nef et son bord
Compliqués d'animaux et de forces complices
En l'éveil du chemin distingué de soi-même
Afin qu'un désir prenne où le Père prévale.

XII. In se

1.

Rien ne pèse en Jésus qui ne soit corps voué,
Dévolution de forme au devenir en soi.
La présence est tressaut sur la toile partie
Par quoi, ponctuations d'un ordre concédé,
Les règnes font raison pour se perpétuer
Contre la permanence en tout lieu de l'étoile
En quoi tout est tenu, fors l'étoile advenue,
L'orée de la matière ou la matière même.

2.

Vous avez pris le temps de le laisser à soi,
Prospérant en son ordre et bâtissant son nombre.
Or, la vue de l'enclos rapportant à la forme
Une immanence encor en la forme recluse
Et s'abreuvant de soi quand elle forme envol
Vous a chaviré tant que vous avez voulu
Rompre le pacte fol en quoi concession
S'affranchissait de soi s'affranchissant de vous.

3.

Dieu, pas un souffle pris sur la grand' thymélé
Ne s'élève vers vous cependant que la gorge
Appartient à cela qu'elle invoque à périr.
Le kyrie tiré de votre nation
Fut laissé dans un jour devisant de mansions
L'étendue d'immanence où la cause s'épuise
Afin qu'un règne vienne, économe de soi,
Le temps de la licence à des contentements.

4.

Le corps martyrisé dans le précepte pur,
Terminaison critique au songe des mansions,
S'expose déhiscent sous la voûte où s'épand
Comme un écho du monde empris pour s'élancer.
Ainsi le livre pose un axiome pour l'heure
Où l'invocation de son dépassement,
Dans une anagogie comprise en ses humeurs,
Vaudra déchiffrement par le cœur emporté

5.   Une neige se fait, qui déprend le pays
Du bocage et du loup, de la draille et du bec.
Le ciel est parvenu, dans l'offrande d'Amen,
À faire de la terre une oblation nue.
La forme s'est connue dans son engendrement,
Ce qui s'est arrêté s'est remis en chemin :
Le clocher répercute un écho du clocher,
Nasbinals est un Christ apprêté de corbeaux.

XIII. Nasbinals I : neige

1.

Un crampon de bastide a racine au caillou,
Des névés fourragers abrutissent les bêtes
Et l'angelus a forme en sa répercussion.
Jérusalem au terme est la pente câline
Où le pèlerin brosse un paysage cru
Dont le livre est l'écume et tout le demeurant
Dans l'âme où se reprend l'amen et la dissipe
Y formant l'espérance en la tirant de forme.

2.

Ton *auctoro* tient tout en l'éloge du puits,
Où le monde est compris dans l'étau de deux lunes,
Image d'immanence en les ondes d'un terme,
Itération d'un terme affranchi de séquence
Où les animaux choient comme grâce rencontrent
En ceci que reflet n'est fausseté qu'à l'âme
Où s'est cru distinguer le corps de son écho
Comme toute la vie de son contentement !

XIV. Summa

1.

Souveraine est la coupe excédant le calice
Et dont l'effondrement fait un mât de misaine
Ouvrant sur l'océan dégagé de ses causes
Afin de renouer le pacte en l'indivis.
Souveraine est la paume élevant vers les ciels
Immanence des ciels concédant cette grêle
Où la forme est reprise et s'abolit dans l'âme :
Souveraine est la voix s'exhaussant dans le fils.

2.

Souveraine est la terre où s'exténue l'arpent
Souverain le signal du midi terraqué
S'effondrant en soi-même ainsi que l'ordre fait
Pour qu'un temple repose où l'angle concédé
Formait une retraite où tout ciel est donné.
Souverain le repos de la chair à son nœud
S'inclinant dans la chair afin que le repos
Fût connu dans l'amour exhaussé de tout chant.

XV. Parousie

1.

Un enfant vous revient de terre d'Israël
Un flambeau dans la main, flambeau depuis le jour.
En lui la nation, la terre et les mansions,
En lui l'abolition de tout règne en l'Amen.
En lui l'Amen assis dessus la terre induite
Et partie pour que cause abolisse la cause
Ainsi que l'onde fait pour que nous soit marée
Sous la lune absentée dans sa présence même !

2.

Majesté vous est due dans le monde formé.
Les angles sont du rêve informé de départs.
Les frondaisons crevées d'un jour qu'une aménie
Rapporte en soi dans l'air à leur source gentille
Et pondérées d'oiseaux répondant de ces orgues
Où le chant de tout chant bassine ce qui vient,
Dévoient toute la terre altérée d'un amour
Épuisant la substance au faîte de substance.

3.

Voyez Jérusalem et portez-y le monde
Et toute terre où prend le cœur du sédentaire
Puis s'en va faire veine où s'agrègent les termes.
Le goût qui vient du monde est celui d'aventures
Où le monde est repris dans ses transvasements,
Nouvelle qu'un levant concède avec un nombre.
Voyez Jérusalem et l'enfant de l'Amen
Annoncer la portée de toute chose vue.

4.

La nature reprend son office causal
Et défait la mansion dans quoi tenait patience.
Un âge est dans le corps où le corps pénitent
Se retire en soi-même et connaît que l'Amen
A fait droit à la forme et la passe critique.
On voit finir un monde où s'incurve le monde
Et se reprend pour être, au-delà de son nombre,
Amour aventuré dans l'amour absolu.

5.

Puis vint Paul et Babel eut la tête penchée
Recouvrant nation dans l'excès des chemins,
Dans le dépassement de la forme comprise
Et l'annonce d'un corps éprouvé de soi-même
À la voûte rendue pour que fût une voûte
Hors le monde élevé par le chant contenu,
Dans l'oblation d'un seul juge de tous les vœux,
Dans l'étonnement saint d'un démon tiré d'œuvre.

6.

Un vaisseau touche au terme et c'est, à travers corps,
Un jour pris dans la terre en mémoire de tout.
La vigie dont le chant fait substance en l'Amen
Arrime à la jetée le nombre recouvré.
Dans l'ombre de la mer apprêtée comme un vœu,
Devant l'arc où l'orage est la Face venue,
Danse la nébuleuse où le temple s'échoue,
Renouant l'alliance au terme d'un repos.

LIVRE TROISIÈME :
LE MONDE

C. L'eau

Livre Troisième : Le Monde – C. L'eau

Pour Didi (1911-2004)

I. Sit memoria

1.

Ventre nous fut donné pour qu'un globe de sang
Couvrît le soleil fauve où rebat la pensée
Telle un roc objecté dans la conscience même
Et reportant sur l'être un devenir infus.
Ventre dedans le ventre et marée recouvrée,
Comme l'amen affronte, en le temps découvert,
La tentation d'objet, d'arpent, de certitude !
Ventre nous fut donné pour nager immobile.

2.

La toile crue du ciel où porte Jésus-Christ
L'amour en tête brute ou la mer en des termes
Et les pleurs de la vierge outrageant de l'Amen
Un baiser de toujours apprêté pour le monde
Ont de l'instant dernier la beauté dangereuse
Et l'ample séduction du temple qu'obtura
Volonté que fût temple en la maison commune :
La beauté temporelle est épreuve du temps.

3.

Dieu m'avait mis à part dès le sein de ma mère,
Il m'avait appelé comme son ambassade
À des affrontements contraires et toujours
Traversés d'un bon trait d'éternité passée.
L'éternité s'excède, infuse dans l'instant
Du blasphème et du glas, de la rencontre sainte
Et du dessillement dans les bras d'Ananie.
Ainsi dit Paul de Tarse et c'est vous, de retour.

4.

Il faut bien s'excéder comme une mer induite
Et posée dans la mer afin que s'excédât
Toute la création dans un repli sur soi.
Un mouvement critique anime le donné
Depuis quoi, dépassant la mesure du monde,
Ou l'exténuant du fond comme une sape sourde,
Un monde pose monde en son abolition
S'annonçant pour toujours dans un écrasement.

5.

Vous avez repris mère et sa dormition
Pour que la bête morte immanente au suaire
Imprimât dans la vie l'angoisse de l'objet.
Ce qui demeure pris dans les bras de Marie
Lève comme le flot compris dans le nuage,
Abandonnant le bouc et le fou dans les termes
Où le péché du monde aspire à connaissance
Et bourrelle la forme afin de s'en extraire.

II. Empfindsamkeit

1.

Rien ne communiera du tremblement d'un cœur
Dont le sang s'est absous dans l'or du phénomène
Avec l'œuvre conquis par la pensée des termes.
Une ombre s'est posée dans quoi vécût le temple
Et son obturation dans le temple des fins.
La forme réductible à sa conversion,
Sans absolution posée pour devenir,
Fait une tête obtuse au lever de la vie.

2.

Vous avez connaissance au retrait de conscience,
Au cours intelligible où le cours fait retrait.
L'engagement du monde en un retranchement,
Par quoi l'homme est le pain pour que le pain l'absolve,
Est le printemps toujours ou la saison sans terme
Où, forme intelligible et reflet de pensée,
L'unité de l'amen est une providence
À quoi toute la vie fait le don de son chant.

3.

Vous voici le faux jour, schismatique et narquois
Démembré depuis soi dans des mansuétudes
Où le monde pensé s'autorise des termes.
Vous voici tout le mal et l'écrou des pensées
Par quoi passe un désir que fût au monde un corps.
Et vous voici tenu par un revers du cœur
En qui s'est échouée la semblance de l'être
Ou sa mémoire, en somme, éternisée dans tout.

4.

Vous est-il revenu qu'une onde vous tenait
Tant que, transverbérant cette onde comme une onde,
Un jour vous revenait de son éternité,
Transverbérant le singe et le stuc et le pas
Puis leur concédant paix dans la face de Dieu ?
Vous est-il rappelé par le corps de son Fils
Et l'exténuation du temple à sa venue
Que vous fûtes mémoire avant que de former ?

Livre Troisième : Le Monde – C. L'eau

III. Gethsemani

1.

Une ombre dans le terme ourdit contre le Christ
Une mue de l'essence en des mansions veuves
Où la combinaison d'entretiens inégaux
Soumet le verbe au siècle ainsi qu'un devenir.
Or, le verbe, distrait de son exil infus,
Recouvre à la rencontre un corps issu des mondes
Et les égale tous en réverbération,
Prosodie dévastée d'un temple abominé !

2.

Vous avez prié l'homme après Gethsemani,
Vous en avez pelé le nombre et la distance,
Emportant la surface à couvert d'un exil
Où l'essence est relique et s'évoque en patience.
Elle aspire au retour d'une onde messagère
Imputant à l'esprit l'étagement des mondes
En des règnes distincts s'autorisant de soi
Quand l'écume des mers est tout le ciel encor.

IV. La Maison de David

1.

Le fils qui fend le bois dans la maison des hommes
Et dont l'étage est clos de figures égales
Offre l'arpent mystique au monde qui veut bien.
La parole lui fait la cognée sous la voûte
Et son ombre machine un redoublement faux
Dans quoi le fou croit voir un terme de la vie.
L'enfant du charpentier des œuvres de David
Est l'accent reposant dans ses débordements.

2.

Les entrailles du père épousent l'atmosphère
Et les circulations de la matière vive
Infuse dans la cause et la fin de son ordre.
Ainsi qu'un verbe pris dans le bourdonnement
Du point d'orgue où le terme appliqué n'a plus cours,
Le corps mis dans le monde et son trouble petit
Fait retraite en sa cause et se perd en sa fin,
L'épreuve du Levant posée devant le temps.

3.

C'est à Capharnaüm encor sous le linteau
Composé dans le monde afin qu'il y eût deux plans
Que l'unité de l'être en l'être répliqué
Se manifeste en l'ordre accompli par Simon,
Mandé dans l'onde noire où le ventre du vif
Dégueule le statère ou la munificence,
Annoncée dans l'amen et posée dans le cœur,
D'une vie renouée dans la vie de toujours.

4.

L'impôt du temple est dû pour qu'une onde l'emporte,
Où la face de Jean le Baptiste au Jourdain
Bassine d'un grand front baigné d'or étonnant
La ruine des arpents de la vie prise aux termes.
La porte est mise en terre et le nombre porté,
La perspective enfin de ce qui va passer,
Afin qu'un ventre gris, paissant dans des étoiles,
Ait sa drachme à mâcher pour l'enfant de matière.

V. Semper eadem

1.

Comme vous n'aviez pris pour aller devant Jean
Qu'une forme physique issue de la matière,
Il fallait qu'elle fût l'onde même au toucher
Puis le rameau tendu devant Jérusalem
Puis la croix du pardon dégouttant de nuées
Sur le front de la mère et des fraternités.
Comme vous aviez forme en son engrossement
Par l'être recouvré, la forme vous céda.

2.

Il fallût que toujours on allât devant Jean
Renouer en le cours le pacte d'espérance
Où se fonde le jour et sa réplication,
Posée dans l'unité muette des atomes.
Il fallut qu'un baptême affermît la maison
Qui, par la transparence fausse du démiurge,
Éclairât la vigie sur la portée des ciels
Et l'astre sidéré sur le fourmillement.

3.   Vous aviez certitude et vous l'avez perdue
Vous autorisant d'elle à mesure qu'au temps,
Plantant de termes induits par la sensation d'être
Un siècle né du siècle ainsi qu'une mesure,
Un souvenir de vous vous remembrait qu'en soi
L'Amen est le foyer d'un temple de toujours,
Imaginé de porte et de seuil et de voûte
Afin que règne vienne ou culmine en son chant.

VI. Tout amour

1.

L'onde connaît son règne et se repose sous.
Cependant que, bornée par des termes aigus,
La marée fait regard et se compose en l'être
Appliqué dans le cours de ses explorations.
Comme son jour induit par le rayonnement
D'une causalité répercutant de soi,
Célibat de raison dans ses propriétés :
La vie va recouvrant la fermeté de signes.

2.

Vous n'avez pas voulu reconnaître la mer
Elle avait de l'Amen un débordement saint
S'autorisant du vide et s'y répercutant
Comme un signe alloué dans le monde des plans.
Ainsi qu'un mouchetage appliqué dans les ciels
Afin qu'intelligence y conçût des symboles
Et noumène du vif armant l'intelligence
Elle allait reposer, pantelant dans ses ors.

3.

Paul, induit dans le ventre où la vie démenée
Passe toutes les peaux sous la même rosée,
Danse sur le chemin bassiné de gelée
D'où dégoutte un fossé charbonné de lueurs
Et confond le sujet pauvre en appartenance
Au lieu même où la race exaspère ses termes.
Ainsi de Yohanan plongeant dans le Jourdain
La forme subjective exemptée de son jour.

4.

Le charpentier renonce où pointe le liber
À ponctuer l'essence de son picotis,
Bête brute tonnant dedans la nébuleuse
Afin que des raisons l'originent de soi.
Il va trouver le jour sous le ciel d'ambre fauve
Et rencontrer le front de celui qui, poussant
Le front depuis le front, fait paraître la face
Où le visage avait fait litière de l'onde.

5.

Le nom va dans le nombre et le nombre l'épuise
Et chaque perspective ouverte dans l'abîme,
Où le vœu de raisons fait tonitruer l'ombre,
Est un détroit nouant la gorge de l'étant.

Les tribus promenées sur les plateaux battus,
La mer qui sait le chiffre et le clos de naissance
Et le génie formé du peuple naufragé :
Toute la vie pensée pèse dans son idée.

Livre Troisième : Le Monde – C. L'eau

VII. La leçon de Jonas

1.

יוֹנָה crut aux départ de la terre en nations
Et, croisant vers Tarsis à couvert de l'Amen,
Reçut révélation de la croisée des mondes
Ou de ce que le monde est croisée sous le monde
Ou de ce que les ciels ont raison de la forme
Et du devisement de la terre affranchie,
Quand du devisement la pensée fait le monde
Ou la cause du monde et ses enfantements.

2.

Rencontrant Leviathan, crevé de gomme grise,
Yona s'y fait chemin comme dans le tuilage
Ou les compositions de la mer en un derme
Où le monstre est entier cependant qu'alangui,
Sa gueule recevant de l'être dedans l'être
Et cependant la forme en la conscience brute.
Or, recouvrant séjour et principe en la forme,
Annonce dans Ninive un retrait de la forme

3.

Nouvelle de יוֹנָה, retour de plénitude
Et le cœur empesé de la vision des mondes
Et l'esprit dévasté par un vent de vigie,
L'âme illunée d'un phare et le regard mangé :
La nation jetée sous le ciel à Ninive
Est l'impie qu'un talon dégage de la masse
Afin de posséder sujétion par la vie
Quand la vie renversée lui dévore le membre.

4.

Christ à Gethsemani s'autorise du monde
Et des départs laissés de l'ordre de la vie.
Or, ainsi de יוֹנָה, tordu sous le ricin,
Traversé de colères et le département
Du regard promené sur la forme perdue
Comme la conscience arrogeant au regard
Un exil hors la forme à laquelle il est tout :
Il n'est de prophétie que de l'appartenance.

5.   L'arbre gît, dessiqué, contre la pente rouge
Et יוֹנָה maudit l'ombre et le jour tout ensemble,
Autorisé d'un ciel départi d'infini.
Or, comme vers Tarsis et comme dans Jaffa,
Comme dans la tempête noire et par Ninive,
Il voit des formes sourdre où la vie fait un corps,
Excédant dans le corps la physique excédée
De sorte qu'il ne soit de sujétion qu'en soi.

VIII. Cela qui fut donné

1.

Par l'ombre pratiquée dans le mur de l'enceinte
Un jardin guilloché de sinople et de gueule,
Épuisé de citron, d'orange et de pétale,
Salue l'enfant de Dieu qui veille sur le monde.
Au matin de sa gloire et de la concession
De sa forme au lointain nimbé de ce qui frôle,
Ainsi qu'une onction, les deux mains en prière,
C'est un matin, toujours : le monde est un matin.

2.

Hippone près l'Edough est preuve que, sous Christ,
Un jour pareil au jour excède la saison.
Le promontoire exsude un profond de marée,
Les limons de l'abysse enrivagent l'autel.
Une petite bête a pris dans le rideau
La dimension de l'être au lever de la gorge
Et le chant de l'Amen, pris dans la médina,
Fait une passacaille où baignait une voix.

Livre Troisième : Le Monde – C. L'eau

IX. Passion

1.

Joseph d'Arimathie prend la route de cimes
Et son galop vertèbre un monde départi,
Non depuis l'axe noir d'une répartition
Mais depuis le jour pur de la composition.
Dis, l'as-tu pas croisé songeant devant la pierre
Ou découvrant le temple où râle une rivière ?
L'as-tu pas vu porteur d'un voile enté d'un Christ
Où même tu n'étais, n'ayant pas qu'en son rêve ?

2.

Il est un chemin noir au versant de la crête
Où le monde est entier son reflet pour aller.
Un pèlerin s'y perd, autorisé de Dieu,
Passant avec le terme un terme de douleur
Et connaissant, ainsi que Christ en l'ascension
De la pente outragée par le rêve d'autrui,
Qu'il est outre le terme un pays des pays
Dans quoi va la saison s'abîmer dans le jour.

3.

Vous avez eu le monde et le monde voulait
Que vous eussiez nation concédée dans la forme
Et la paix du foyer menacé dans les termes
En quoi la nitescence est portée de la nuit.
Vous aviez tenu compte et tenu la raison,
Dont la pousse étonnait, figurant des reports
Et singeant l'infini dans la chose pensée.
Puis vous est venu sens et le temps s'est donné.

4.

Je suis le paladin d'une parole juste
Et l'herméneute droit d'une forme avérée.
Je suis la vision depuis la contingence
Et la voie découverte en l'œil répercuté
Dans la pierre du temple et l'os de l'atelier.
Je suis le sevivon et les débats assis
Des pères du Talmud et des voix de l'Hermès.
Je suis celui qu'un chant fait renoncer à tout.

Livre Troisième : Le Monde – C. L'eau

X. De consomption

1.

Pris dans les entrelacs des logia de sang
D'un Christ remonté sur le trône du monde
Et promené dans l'onde infestée de courants,
Chacun s'arrogeant droit de fonder des raisons,
Vous tournez contre l'être une fantaisie veuve
À qui manque l'octroi de toute la matière
Et du pain matériel imbu de plénitude :
Vous voyez des départs où la terre repose.

2.

Ulysse croisant l'homme en ses diverses formes
Y trouve de quoi faire un repos pour le sens.
Et le Christ est un homme et l'agneau du levant,
Le désert noir où prend la borne son élan,
La cause expiatoire ou la raison laissée
Sur la grève du monde afin qu'elle s'emporte
En la vague de jour excédant la pensée.
La formation du monde est un matin de plus.

3.

Avec Jérusalem et la nuit de toujours,
Bassinée par l'encens du temple des Moloch,
Avec le gré des huis et l'épart imposé
Dans le pays qu'un signe a cédé pour qu'on fût
La figure étonnée devant l'autre figure,
Avec la ronde muette et la taie des regards
Des saints mis sous l'arceau pour y fonder la pierre
On va crevant le flanc de Christ en nos maisons.

4.

Puis vient timidement le corps talé de nuit
Par l'alliance en l'ange et le monde des ordres.
Ainsi que le démiurge articulant par jeu
Les forces de toujours et la matière morte,
Un corps en quoi le jour combat pour faire voie
Présente sa poitrine à la paix du Jourdain.
Yona l'a reconnu comme la veine noire
Affleurait à son front tel un mal achevé.

5.

Je suis l'eau de ce cours et le jour qui faufile
Tous les cours de ce monde et le limon couché
Sur la rive où les cours font des mines de chat.
Je suis la violence interdite du mot,
Le verbe sidéré, le précepte amuï
Par quoi le détroit cède à l'abord du haut large
Et l'abcès de ténèbre ou, singe du matin,
L'Amen invaginé par une raison seule.

6.

« Le front que tu suspens dans le cours où patience
A voulu que je fusse et ton frère et ton guide
Avant de gagner l'heure et la pendulation
Sous des ciels où tu fus quand j'en fus départi
Va mettre dans le monde un monde départi.
Tu m'es donné tout plein de la nuit matérielle
Et charpentier de tout comme l'enfant du monde. »
Yona salue le fils comme un levant la vie.

XI. Anywhere out of the world

1.

La nation portée par ses enchantements
Comme un dervis mimant le jouet d'Hanoucca
Pour qu'un ordre revienne au foyer dire « Gloire,
Une marche est donnée qui donne le chemin
Tandis que le chemin s'accoste à son talus ».
La nation ravie par le trompettement
D'un aigle tourné cygne ou d'un cygne fait grue
Voit de la raison sourdre où la raison confine.

2.

Un dégoût vous a pris de la naissance exprès,
De l'effort itéré par la masse pour jouir
À la séparation séminale de l'être
En des émulations de mansions et d'arpents.
Et, comme Élie ravi par la gigue d'un ciel,
Vous voici chaviré par l'évanouissement
De l'oiseau renouant en disséminations
Le pacte d'unité de la maison du Père.

XII. Pietro e Paolo

1.

La suie s'est emparée des angles de la vie
Soulignant l'espalier, le temple, la cité,
Comme un regard perdu porté dessus la chair
Par une fille assise au fourbi de ton membre
À qui l'obole est tout dans le séjour fondé.
La terre va, cernée dans l'épreuve d'ahan,
Exténuée toujours de s'arpenter toujours
Quand l'arpent lesté d'ombre a vue sur son dessein.

2.

Pierre va fonder pierre et Paul un horizon,
Chacun formant le cours d'une révolution
Du monde sur le monde à couvert de ce plan
Depuis quoi fait le monde offrande de son temple
Où le temple et le verbe et l'aubier de toujours
Ont la Face distincte en la clarté de tout
Dont la pierre de Rome écrasée de touffeur
Est l'ombre suffisante et le don nécessaire.

XIII. Siècles

1.

Un enfant le pied pris dans la glaise du bord
Laisse aller de l'oiseau depuis un fil insigne
Et son regard distrait posé sur la machine
Est pénétré de tout comme la plénitude.
Et cette plénitude encore qui s'ignore
Est sa nécessité s'abondant pour savoir.
Le monde va tenu par le monde et son ombre
Est signe d'un repli sur la forme infatuée.

2.

Le pacte renoué sur la pierre de Rome
Où roule la toupie candide d'Hanoucca,
La mission dévorée par la fièvre des arbres
Ou le manteau de terre igné de cœur méchant,
Le silence étranglé de l'épouse et du fils
Abrutis d'existence et que pleure un regard
Excepté du regard. Tout au monde est l'arpent
Pour qu'il cède à son terme, épuisé de finir.

3.

Le Bouddha pris dans l'onde impavide des choses
Ou Christ épouvanté de quitter le jardin,
La nation conçue depuis l'arpent posé
Comme un semis conçu depuis sa floraison :
Tout est tympan d'Amen comme la Providence
A penché pour se joindre à son défaut d'objet
Dans quoi liberté fonde et liberté se rend,
Charge inspirée de soi contre un nuage ami.

4.

L'Église et pas le temple et le réverbéré,
Le corps disséminé dans sa cause première
Et le principe mû par son épuisement :
Tout est Christ et la forme est rédemption de soi
Dans la dormition terminale des formes.
Un courant sous la mer distribué par la lune
Équivaut au vent long qui contourne son œil :
Rien n'est au monde enfin que du miroitement !

XIV. INRI

1.

Je prends source dans l'ove où le monde finit,
Taloché par le vent qui reveine la chair,
Recouvrant transcendance en l'excès de pensée
Qui rapporte à pensée le rêve de toujours.
Je suis la nation du terme reposé
Qu'un abandon mauvais, nécessité de soi,
Laisse gésir debout comme un levain le soir
Ou comme de l'atome imbu de connaissance.

2.

Je connais de Jésus les marées de Bretagne
Et la conscience entée sur le pas de souris,
L'âne crevé du Caire et la tique d'Oural,
Le violon qui veille à Valle Veneto.
Le monde est lieu du monde et conversion de tout
Pour la communion dans l'être des objets :
La vie rapporte à soi sa présence fidèle,
Un canal fait cortège au retour d'océan.

XV. L'onde et le vent

1.

Le front buté de Baal offusquant des mystères,
La croix fichée dans l'os au départ de nuages
Et de ciels départis par le feu des raisons,
Les états dégagés par le soc appendu
Sur la terre du monde adombrée de moussons,
Le macérat souffrant du vif arraisonné,
L'hébétude des chairs aux jours d'embrassement :
Tout au monde est nuée regimbant à l'envol.

2.

Pissant dessous soi pour que la lande roussît
Le premier loup fut pris, fiévreux, sous la chapelle
Afin qu'un carillon rappelât dans la vie
L'exigence d'amour et de vertébration
Par latitude et fin de toute latitude.
La possession de tout, gagée sur l'incréé,
Rapporte les mansions sous des ciels souverains :
Le pas de créature est nouvelle d'essence.

3.

Vous êtes, Astarté, la lune et la portée,
La créature vive et ce qui va venir,
La nuit talée d'un jour où Christ épouvanté
Va refaire alliance en votre nom, peut-être,
Ou celui de son Père en qui se renouvelle
Une ancienne et sainte onction de la vie,
Reposée de laisser aller dans sa maison,
L'allure de son œuvre assignée au retour.

4.

La forme doucement va rejoindre sa cause
Entée dans le manteau du premier principat
Puis dévorée par l'être imbu de chant majeur
Et que faufile un chant redoublant le chant même
Afin que raison soit la nature du chant.
Après quoi, paraissant comme un temps revenu,
Toute la nébuleuse à son terme patient,
Le grand amour enfin fait don de Tibériade.

5.

La tempête est passée dans la forme passée.
Le monde assertorique achoppe à son principe
Et connaît que le vif, au temps de condition,
Porte germination comme la lampe sûre
Animée dans le terme, ainsi qu'un encensoir,
Par la vue pèlerine avide de vision.
À couvert du lavis piqué d'un mandala,
L'Amen a rédempté l'autre nécessité.

LIVRE TROISIÈME : LE MONDE

D. L'air

Livre Troisième : Le Monde – D. L'air

En souvenir du 15 avril 2019.

« *En un instant, mon cœur fut touché et je crus. Je crus, d'une telle force d'adhésion, d'un tel soulèvement de tout mon être, d'une conviction si puissante, d'une telle certitude ne laissant place à aucune espèce de doute que, depuis, tous les livres, tous les raisonnements, tous les hasards d'une vie agitée, n'ont pu ébranler ma foi, ni, à vrai dire, la toucher. J'avais eu tout à coup le sentiment déchirant de l'innocence, de l'éternelle enfance de Dieu, une révélation ineffable.* »

Claudel, Ma Conversion

I. Nasbinals : le loup

1.

Le frisson du plateau sous les déchirements
Que promène une cloche apprêtée de souris
Vers la combinaison savante des mâtures
Et la suprématie sévère de bastides,
Un paysage enfin, tombé de connaissance
Et dont la latitude est celle du possible,
Un loup comme le bouc insinué dans tout :
Telle arche dont l'écho vous emporte le cœur.

2.

Vous marchiez sous les ciels avant Jérusalem
Au pas tendre de l'homme assuré d'ascendant,
Le signe et la nouvelle et la rédemption d'homme
En qui seuls ont leur temple et l'espace et le temps,
Les nations qu'onction dirige vers les fins
Leur front nimbé de cause en la causalité,
Leur poitrine échappée de détresse sensible
Et poussée par un chant syncopé de rameau.

3.

Toute la création vaut voussure d'une arche
Engagée dans le monde afin de l'en défaire,
Au point de connaissance où le jour offusqué
S'amende en connaissant que le jour est selon.
Le barbare est au terme et pose sur le plan
Le terme en quoi le plan disposerait de soi
S'il n'était, outre l'arche encor dans un surplomb,
Dissolution de l'arche en ses causalités.

4.

S'il est une ténèbre adombrant le donné
Cette ténèbre est terme et temple insinué
Dans la pensée commune où la cause dément
Que la cause aille seule en l'ombre qu'elle fait.
La chaîne des raisons dispose dans le plan
Que festonne une neige inconnaissable et juste
Un loup que la pensée va chassant comme un trou
Justifiant tout l'être en des angulations.

5.

Sidération devant le Christ arraisonnant
Jusqu'au cœur des raisons dans le lacis des bois,
Le bal échiqueté des formes accourues
Sous le regard avide ou la pensée perdue !
Sidération de l'astre et de son hébétude,
Aporie d'aporie convertie dans un charme,
Au temps de connaissance où le corps déposé
S'évase et se contracte à mesure de l'être !

II. Vita penosa

1.

Par divisions pensées de la prose du temps
Le sens est reporté dans le sens et circule,
Ardélion du sens et son veuvage cru,
Noumène originé dans la postulation
D'un devenir majeur où raison fait empire
Et partage sensible Eden arraisonné.
Rien ne se rend du jour qui ne lui soit un mal
Et la fausseté mise en le monde occulté.

2.

Le jardin vaut domaine au cadre du volet,
Toute la vie réside et vit de sa mansion,
L'oiseau fait pénitence en grande plénitude
Et la terre mandée dans le regard porté
Qu'aliène le dormant borné de marne obtuse,
Absoute des débords de son entendement,
Pénitente pareille et le contentement
Du veuvage de l'âme, aboie, crétinement.

3.

Le Roi des Juifs dessus l'ânesse de Balaam
Va comparaître en tant que la cause première
Et l'épanouissement d'une eschatologie
Dans le point sans élan du principe fini.
Cet ange quérulent dirigé par son vol
Et tendant vers des ciels un corps mangé de jour,
Comme un chat du Cheshire échappé de pensée,
Rapporte la physique au foyer recouvré.

4.

Il faut comprendre Sion comme Paul en chemin,
L'onction de Juda comme le corps issu
D'un corps intelligible à la levée des corps
Vers la nation veuve et fraternelle au corps.
Le chant recouvrant timbre au tympan de ce corps
Où s'absout dans le nombre exhaussé du foyer
La forme matérielle et pensée du Shéol,
Destine à parrhésie l'ermitage du monde.

III. Simon-Pierre

1.

Hélas, un père est muet dont la parole vive
A passé dans un ange et gagné les confins !
Hélas un père a pris la parole du monde
Et jeté les toupies du jeu de sevivon
Afin que le hasard eût barre sur le temps
Puis conquît volonté dans le temple levé !
Hélas un père illume et machine la nuit :
« Hosannah ! » dit le pauvre à qui tout est de l'aube.

2.

Simon pousse la barge et laisse son filet
Recouvrer son allure au trou de l'ombilic
Où le lac se fait voie vers les écrêtements
Des cimes retenues par l'aile dépendue.
L'enfant de Zébédée, pied ferme dans le monde,
A tout le corps au temple et la pensée parmi
Les formes de la face éboulée dans les termes :
Un pas l'a reconnu, qui tonnait dans le cœur.

3.

« Nes gadol haya sham ! » : un frère en corps formé
Dans le monde formé dégagé par le signe
Ou la prosodie ronde au galop vers ses postes,
Un frère issu de Dieu comme sa multitude
Égaillée pour qu'un rêve ait forme en la raison,
Puis raison dans un corps enténébré de forme,
Enfin forme exhaussée de la forme à l'Amen,
Un frère en mêmeté va refaire alliance !

4.

Mangé par les bras grands de Moloch abattu,
Dégagé de la vie par le goût des traverses
Ou de la passacaille abattant les canaux
Dans un cœur recouvré que contente l'Amen,
Ayant reconnu l'heure et le lieu de l'élan
Vers une nébuleuse originée de soi
Dans quoi fut mis le temple afin qu'il y cédât,
L'ange dépend son ange et passe les portiques.

5.

L'œil du poisson de sable assigne son étoile
Au repli du regard sur la vie séparée.
Son ventre, encor tordu dans la nasse du temple
Et dont l'esprit de cause emprunte aux nations
L'emportement du cœur à l'heure de partir,
Meurt d'espérance induite à la virginité
Par la vie redoublant le rêve de toujours
Tandis que la travaille une raison perdue.

6.

C'est l'heure où Christ est seul et tord les mains de l'ange.
Or, comme lui revient, à la pensée de l'homme,
Cet accent dégagé de la veine du monde
En la dissolution principielle de l'être,
Un souvenir diffus comme un lait nébuleux
Que court un soufre bon promené dans la nuit
Bonde son cœur tenu dans les arêtes vives
Et la fermeté fausse où va finir un ordre.

IV. Le temple abattu

1.

L'harmonie spécieuse où le peuple connaît
Que le corps empesé par l'angle de pensée
Lui vaut qu'un poids des nerfs offusque la nouvelle
Et corrompe le champ, consume dans des gigues
Un sang dans quoi le jour, obéré de matière,
S'enclot dans l'examen de son poids de rapport.
Une face est tombée de l'arche ce matin :
La souche sidérée refourbit le rameau.

2.

Le tombeau de l'Oural crevé de pierre noire
Et le caveau tourné par les bras argentins,
Les môles étonnés que les poings en ressaut
Viennent s'y reconnaître aux vêpres impensées
Comme l'oblation traverse les mansions,
Tout fait image et vœu dans la constellation.
Puis la constellation tirée de nébuleuse
Écroue la nébuleuse en la nécessité

3.

Jésus campé devant le docteur de la loi
Brave l'oblation, le poing sous le menton.
Quand la nation du Juste applique à la pensée
L'algèbre de pensée qu'abreuve la pensée,
Satisfaite de soi comme l'Ouroboros
De connaître substance aux confins de la sienne,
La face de douze ans goguenarde est tournée
Vers l'angle de jour jaune où marmotte l'Amen.

4.

C'est la maison du père et la maison du père
Est cela que j'abats par décret de mon père.
C'est la maison du père et ses angulations
Disent du monde un signe où le signe est empris.
C'est la maison du père et le retournement
Du jardin de toujours sur l'argile tournée
Vaut que le corps s'exhale en mille corps portés
Par mille anges qu'on eût affranchis de séjour !

5.

C'est la main de Iossef et la main de Marie,
C'est le giron transi d'avoir perdu le fils.
Et la main de Iossef et la main de Marie
Cherchent dans la chapelle où tout le chœur est pris,
Reposé dans le fils véhicule du chant,
Conçu dans l'incréé pour que la créature
Eût barre sur ses fins dans une absolution :
Le sourire du fils est le temple repris.

6.

Vous me cherchiez ici dans la maison du père
Or, mon père a voulu qu'un père fût le seul,
Élan de créature et mandant de tout l'être
Avec Marie forée par la pierre marquée,
Sous l'épée de David et le salut d'Élie.
Le manteau des nations qui pèse sur les os,
Fiché dans l'œil obtus des pierres rechaulées,
M'est un terme du temple et le défi des mondes !

7.

« Je ne sais point voler comme les étourneaux
Qui vont en bande saoule épousseter les pins.
Je ris de mon adresse à faire le silence
Où la barbe blanchie fourbit de la pensée
Contre la pensée vive et l'éminence en tout
De la parole immune en quoi toute l'image
Exulte depuis soi sans concours de la forme ! »
Ce que disant, l'enfant sourit étrangement.

V. Jésus au temple

1.

Ainsi nous disent Dante et Scève et Saint Thomas :
Cette tête où le temple, abruti de midi,
Balade sur Hippone un Verbe articulant
L'espérance en le Christ et l'amour de l'arpent
Dans quoi se fonde forme et s'annoncent les fins,
Sa prosodie de tout, résolue dans l'accent,
Fait exsuder la voix, principielle et confiante,
Empesée de hoquets doués de solitude.

2.

Rien ne se trouve en Dieu qui ne soit résigné
Dans une forme absoute et rendant compte en soi
De la beauté du monde affranchie de la forme
Or, induite de forme ainsi que son écho.
La raison répercute au verre qu'une idée
Guilloche en le Zohar, sous l'ongle de l'Hermès,
La perspective offerte au regard où se prend
La vision de l'écho comme commencement.

3.

Vous êtes dans le Christ une fin des mansions,
Cette arche reposée dans l'arche reposée,
Cette fin déposée dans la forme attentive
À ce que forme soit qui forme outre raison.
Le monde est cette fleur qu'une dissolution
Rapporte à telle abeille exaspérée d'oiseau.
Voici qu'un paysage abonde de canaux
Pour que la fleur vous soit carène de la vie !

4.

L'Aigle de Meaux voit juste après Thomas d'Aquin :
Le monde, c'est le jour et le jour c'est l'Amen.
Une main de toujours, affranchie de la main,
Pose sur la poitrine une chaleur amie.
Jésus va reposer dans le monde des termes
Afin que s'extravase un jour mis dans le monde
Et le monde soi-même au procès de pensée :
Christ est mort sur la croix dévorée d'un amour.

5.

La maison dont Hérode a conçu la vertèbre
Et creusé le sillon de canine pour qu'ombre
Eût jetée pour les champs sous l'or de Salomon,
Tombe dans la saison du devenir en soi,
Justifié dans l'air épandu de la chair
Sur toute forme prise en l'excès de son temple.
Il est un temps majeur dans quoi la forme exulte,
Apprêtée de son jour affranchi de portée.

6.

Vous croyez en la fin du monde intelligible
Et, sous l'empire aigu du noème content,
Vous croyez que Logos est tissu de la chair
Et que la chair est verbe en tant que forme dite.
Vous croyez que le signe est le recouvrement
Du monde dans la forme et de la forme en soi.
Vous croyez qu'on n'exauce un cœur que reconnu :
Mais voici qu'un beau ciel dispose de l'esprit.

7.

Que comprend le créé qui ne s'entende pas
Dans la création même, affranchie des raisons
Ou connaissant qu'il n'est de raison qu'en les termes
Où la nécessité s'élude pour manquer
Dans un désir perdu de se connaître forme
Ou caténation par un monde tenu ?
Il manque un terme au terme et c'est dire le fait :
Rien ne s'entend du monde hors le monde entendu.

8.

Vous venez reposer dans le flanc de vos morts,
Un grand caveau de suie vous ôte le manteau,
La forme vous revient, qui vous tenait debout
Par les cycles cloués sur le cours des nuées,
Par la saison la même et dont le grand sinus
Mêle le jour formel à sa résolution.
Vous venez finir monde et la pensée vous suit,
Qu'un regard a coulée dans son embrassement.

VI. L'épreuve spirituelle

1.

Vous ménagez un trou dans le flanc de ce monde
Où va s'insinuant la misère du nombre
Et la prosodie vaine en quoi « l'enfer se fonde ».
Vous portez un fanal dont le vacillement
Dégage des splendeurs arrêtées dans le stuc
Ainsi que des élans sous la flèche d'enceintes
Où la charge s'objecte au terme convenu.
Toute la vie vous porte au partage du signe !

2.

L'ange reproche à l'ange un retrait de raison
Dont il est le regard, la portée, le témoin.
Toute la vie tenue dans la postulation
D'un devenir infus dans la matière sourde
Objecte à son reflet son silence d'objet.
L'enfant vient dans le monde ainsi qu'un monde vient,
Le fils est l'être entier s'extravasant dans l'être :
Christ est la création dans quoi cède l'objet.

Livre Troisième : Le Monde – D. L'air

VII. Consolação

1.

Vous ne tenez à rien, l'espérance est laissée,
Le monde intelligible est l'objet contenu
Dans des ciels à portée d'un abandon léger.
Vous portez comme forme une objection du monde
Et votre rédemption tient toute en un repli.
Conscience vous vaut contentement des règnes
Et pesée souveraine entendue comme objet
Quand c'est l'entendement qui pèse contre soi.

2.

Un jour se fait qui corne au levain de lever
Puis à la forme prise en son fondement faux
De faire forme encor depuis la colonnade.
La futaie se complique avec un oiseau fait,
L'oiseau carène un ciel où la pâte ses nues
Passe dessus l'étang pour qu'y passe un reflet.
Le cabinet du monde abonde de ses formes :
Une collection retranche dans le corps.

3.

Comme la pensée manque au plan du devenir
Il se penche dessus, s'objectant dans le don.
Je suis pensé par l'ange abondé par le monde
Et patience est monde et portée de mes termes.
Un rêve dessiné par la distance même
Infère de la vie sa réplication
Dans le monde où s'aliène une pensée perdue.
L'ange s'objecte en l'ange afin qu'il ait parole.

4.

Lazare est le caillou bassiné par la nuit,
La nuit prise en la pierre et l'atome de nuit,
L'atome insinué dans la nuit de l'atome
Où la pierre est un chant perpétué de chant.
La pierre est évoquée, la nuit lui fait substance
Et l'atome consent, quand la majesté nue
Le convainc que la forme est témoin d'une nuit,
D'offrir en holocauste une forme au regard.

VIII. De la Grâce

1.

L'energeia tournée contre l'intelligible
Et dont le beau facteur est l'immensité prise
À son règne où le règne a son règne aboli.
Voici qu'un corps est pris dans son apparition,
Voici qu'épiphanie s'objecte dans le temps,
Cheminant pour que signe ait sa chair en-dedans
Comme va la couleur repenser le donné.
Le monde intelligible est le songe de forces.

2.

Je retrouve au désert les tribus de la vie
Manassé, Siméon, Nephtali, Benjamin,
La crête et le reflet, le miroitement rond
Des choses qui s'en vont et forment à la fois
L'ordre ou le nombre mis dans les sables sans nom.
Je reçois pénitence et rectitude due
Par corps qu'ont égueulés la parole empêchée
Sitôt qu'un chant l'oblige et l'étoupe de jour.

3.

Les chevaux de Josué qu'exténue le fossé
Dans quoi l'être s'absout, comme il a son surplomb,
Précipitent dans l'air précipité de l'air.
Affresco de parole infibulée de l'œil,
Aliénation du rêve en l'objection de soi,
Linteau stupéfié crocheté dans les ciels
Et dont pend un long fil qu'on voulût à portée :
Toute la vie fait pitre en terrasse absentée.

Livre Troisième : Le Monde – D. L'air

IX. La Nature et la Grâce

1.

Le Thabor a son pied percé de deux oiseaux
Quand la partie du monde appliquée sur la plaine
A son grumellement compliqué de galops.
Comme un enfant détache un rameau pour tracer
Le portulan rassis congénial à l'enfance
Et, comme le vaisseau refait la mer de chic,
La naissance du Fils ou l'abduction d'un signe
Autorise de Dieu les élans immobiles.

2.

La laisse supportée par le roulis des airs,
Quand une nation s'y dispose à chanter
Le devenir d'un seul en sa réplication,
Vaut pensée du levant dans la conception.
La justification du temps forme murmure
Et l'abscisse obstinée d'une joie recouvrée
Que recouvre le plan terminé des pensées :
Nature fut donnée pour qu'y gronde un secret.

3.

Le Fils est au travail dans toute la matière
Et la pièce attelée sur quoi pousse un ciseau
Figure la nature exténuée sous les jours.
La division du terme en des départements,
Dont procède le terme abduit de sa nature,
Avoisine le chant qu'impavidement chante
Un matin de toujours que picote la pie.
La concession du monde a ses enfantements !

4.

Le sens est reporté dans les fins affolées
Que Mathieu, brouillonnant son évangile dur,
Empâté d'or et gueule et sinople sans nue,
Pense dévastation quand il est la Nouvelle.
Crevant la carnation de la terre des termes,
Une arche nébuleuse aux tonitruements feu
Pose fin de l'élan dans son commencement.
L'être est conçu dans l'être et son vacillement.

5.

Les sexes font lever en une indivision,
Non les commencements de la forme portée
Dans l'arc enjalonné des saisons confinant,
Mais toute la nature abrutie de déports
Et dont le plan piqué de fortunes d'écho
Gronde comme une mer empesée de sinus.
L'enfance se termine aussitôt qu'enfantée :
La Grâce lui revient, la mémoire lui faut.

6.

Dans la chair du sujet qu'une étoile reforme
Un feu tiré d'idée par le temple conçu
Flétrit le temple même, idéé de la nuit :
Vous aviez su la main puis le sourire penchant
De Notre-Dame vive assise sous Moloch ;
Amen a concédé, pour qu'un couronnement
Distinguât de la Pâque une Pâque des temps,
Des espaces la Mère outre que son enfant !

7.

Sous la voix que le frère a passée dans le plan,
Sur quoi nouvelle neige et nouvel édifice
Convainquent la pensée d'une éminence infuse
En le monde créé pour que concession
Lui valût d'annoncer par le déchirement
L'unité dans l'Amen ou l'être repensé,
Vous souvient qu'un clocher vaut une nitescence
Où la Mère est la louve et la terre et le jour !

8.

Il est dessous ton astre une lobulation ;
C'est la voûte où, soustraite à sa dévastation,
Pense la pensée veuve et frappée de mémoire :
Ce qui penche fleurit pour la pente du temps.
Comme revient au temps souvenir qu'un séjour
Lui fut mis dans le cœur, le cœur advient à soi.
Comme l'idée s'adjoint à l'effort de former,
Le livre s'est écrit, qui concède alliance.

9.

Rien ne se trouve infus dans le songe porté,
Rien ne vient dans le temple où procède la forme
Et le désir de forme appendu sous sa voûte.
Une viduité curieuse de la forme,
Étendue depuis soi sous le rayonnement,
Laisse la pensée seule et l'enroule sur soi
Tandis que l'idée mise en la présence d'être
Est patience ainsi qu'une saison sous terre.

10.

Un long dévalement de la terre fait guide
Et la main qui désigne un miroitement fol
Dans la pierre éminente à sa désolation
Ponctue comme pensée l'oscillation de tout.
L'idée revient qu'au Fils est donné de renaître
Et que résurrection fait saison d'une vie :
Le Fils écrit ton livre et l'être, par le Fils,
Y est l'intelligible à portée du mystère.

11.

Vous étiez la campagne ou le peuple des Nombres
Au galop douloureux sur quoi roule un désert
Et l'onde de la craie, vous étiez l'envolée.
La formation d'oiseaux vous révélait entier
Dans les ciels contristés de se voir amarrés
Par l'œil d'un ove aveugle et l'idée de l'arpent.
Vous avez trouvé monde où se concédait forme
Et lever comme allait vous absoudre l'azur !

12.

Devant Jérusalem un amour vous attend.
Devant Jérusalem une Face étonnée
Subsume sous la forme un être repensé
Depuis la sujétion défaite du penser.
Devant Jérusalem un amour vous attend,
Dont la Face étonnée repense dans l'étoile
Un amour sidéré de se connaître sphère
Et le rayonnement de la sphère à ses termes.

13.

Prière soit au monde afin que des soleils
Y fassent lever l'aube à raison de pensée !
L'acte vaut qu'on l'exhausse au plan de la pensée
Que l'invention de forme objecte à l'invention.
La chair est interdite à distance de l'œil,
Démembrée dans son angle et son veuvage mornes,
Un ange fait le monde et retranche des formes
Une fin dont la forme eût un usage au monde.

14.

C'est la voûte pensée, c'est le peuple penché
Dans la circonférence unique sous les champs.
La chair émondée d'os menace sainteté,
La matrice étendue dans la droite raison
S'observe sous le globe en quoi se répercute
Un chant jamais levé contre le chant perdu.
La conscience a foi pour ce que son retrait
L'assigne au pied du temple en tant que sa portée.

15.

Grâce fasse merci dans le monde où l'on va,
Merci vaille nouvelle et tienne d'horizon
Le report éternel et la constance neuve !
Une autre solitude a pris dans le matin,
La Face épouvantée dénombre ses arpents
Le chemin fait jalon de physique objectée,
Le souvenir démembre un rapport de mémoire :
Où le temple fait lieu la nébuleuse manque.

16.

C'est Jésus qui dans Paul a passé les arpents,
Ce sont ses enjambées sous le globe penchant
Que par galops et vols une ponctuation
Reforme en leur traverse à quoi grâce conjoint
Ce viatique de souffle et de vent pour un cœur.
Comme la voix s'élève et l'Amen est repris,
Dans ce cœur dont le vent diffère l'assomption,
Christ est pris dans la chair en tant que son élan.

17.

L'empire d'une voûte entée dans le Jourdain
Que le Baptiste cède à la volonté seule,
-Étonné de connaître, où l'écho fait un fond,
Que lui vient de pensée la pensée dans la vie-,
La nature courbée sur sa pullulation,
La monade et l'atome affranchis de portée,
La subsomption levée comme un vide d'objet,
C'est en somme Nature au chevet de la Grâce !

18.

L'enfant vient à Marie quand déjà c'est la Pâque
Un nombre est dans le nombre et la course s'embrasse
En la révolution de la pensée sur l'onde.
Et, sur l'onde reprise en pensée par le nombre,
Une destination s'absout dans son arpent.
Le remuement du monde a barre sur l'échine
Où la pensée fait masse et la forme salut :
Le temps justifié persiste dans le temps !

X. Matière

1.

L'invention de l'aube est la face du Verbe
Où tu connais qu'un règne a son siège en ses fins.
La physique aliénée dans ses commencements
Tire du paysage une constance sourde.
Et comme la conscience est contenue dedans,
Jean peut retenir l'aube et penser sa portée,
Subordonnant au temps la nouvelle des fins
Du pli de ce désert étagé de natures.

2.

Telle propriété de ce qui va roulant
Dans le frôlement doux de ses vallonnements
S'applique à l'objection qui fonde perspective
Et direction du vol et navigation.
Or, la somme pensée des qualités de l'être
A règne en l'indivis dont la chair est le signe.
L'arrachement défait dans un geste merci
C'est Christ inféodant les partis de la vie !

3.

La Face est dans Judas qui soutient son regard
Et les regards font face au regard départi.
Une élévation s'autorise des fins :
Les regards sont ensemble indépendamment d'être.
Puis c'est un au-delà de la portée des fins
Qui consent que la Face ait amour en Judas.
La concrétion d'un corps aux fins de l'examen
Vaut retranchement d'être et règne d'un pardon.

4.

Eli lama Seigneur, Eli Lama merci
Lama Sabbachatani Lama Sabbachtani :
La toupie d'Hanoucca roulerait dans les temps,
La Face aurait d'Amen et la force et l'absence,
Un enfant vous naîtrait, content de tout le jour,
Un ami reviendrait de l'abstraction des corps,
Au visage le même, au silence pareil
Et les fins abolies consoleraient des pleurs !

5.

La matière n'a rien d'un affront fait au ciel :
Le corps réverbéré dans le corps étanché
Par l'usage des fins pensées qu'une raison
Déduit de la matière à ses fins postulées
Dispose de tout corps et de l'atome infus
Dans le corps disposé dans le corps concédé !
La matière n'a rien d'un affront fait au ciel
Dont elle est le pardon, l'amour, la Providence !

6.

C'est le soir de la Pâque et déjà la nation
Dépend le chant tenu d'une face perdue.
Les termes sont passés, le désert débâti,
Un fantôme est cousu sous le crâne affolé.
Le corps fait profondeur et goûte au terme neuf,
Un temps s'est achevé dans la gigue des membres,
Une théorie peinte a ses traités nouveaux
Dont un verbe fini façonne les tréteaux !

XI. Vêpres de la Pâque

1.

Au moment que la terre a donné pour le sien
Le temple rebâti souffle un air effloré
Dans l'air faramineux que guillochent les chants.
Un bourdon descend droit de la circonférence
Et dit le renouveau dans la prospérité.
Sur le temple fondé dans l'abstraction de l'âme,
On a mis du laurier pour que le condamné
Fût le sauveur admis dans l'effort de l'amour !

2.

Le bourdon mène l'orgue en un ravinement
Dont l'écho, reporté tout le long du plateau
Décide du haut mur et du tampon de ciel.
L'harmonie dégagée de son amble savant
S'effiloche devant sa résurrection.
Une onde sympathique emporte dans l'espace
Une note pincée dans les piliers du monde :
La chair est substantiée dans une plénitude !

3.

Je crois au Dieu de mort et je crois que la mort
Est ce lieu dont le temple a les fécondités,
Le talent dégagé de la substance même
Outre la connaissance et les rangs de matière !
Je crois au Dieu de mort autorisé d'amour
Et faisant une fin de sorte qu'un écho
Traverse la conscience une dernière fois
Quand la conscience aura nécessité d'amour !

4.

Le moyen d'en finir avec lui, dit Caïphe ?
Et sa pensée procède et sa parole pose
Et l'église du prêtre est tenue dans ses termes
En sorte que soit dit le terme de tout corps
Sous le pilier du temple et le ciel taloché
D'argent, de sable et gueule avec un ciel nombreux.
Or, Jésus chez Simon déjà fait un parfum,
Le pain parti du frère et l'amour de Judas.

5.

Moloch anthropophage appliqué sur le bouc
Et la foule emportée par la tête fendue :
La création s'aliène où l'éviscération
Témoigne que la vie rédempte par la vie !
Alors ta Pâque afflige un corps tiré d'étoile,
Une palpitation distinguée des passages
En l'ombre éburnéenne et tendre de l'Amen
Et la pensée distingue un terme de l'amour !

6.

Servante du lépreux, fille de Béthanie,
Verseau du nard mondain dans l'arôme incréé,
Vaisseau d'exultation dans quoi les horizons
Subsument sous l'Amen une fraternité,
Le jalon sous le pas, le compas sous le bord,
Penchant de la substance où la maison des hommes
Abonde de tel ambre exhalé d'une suie,
Tu précèdes l'envol en la taie du regard !

XII. Agnosis VIII : Le Nombre

1.

Ton geste est l'occasion, ton désir est la sphère
Où l'Amen a son lieu dégagé de pensée.
Le long devisement de la fable en des voies
Dont le contrepoint tendre est le rapport et l'os
Itère volonté dans l'amour du voyant
Transfiguré dans Christ ou l'ami, ce matin,
Que sa pensée distraite, à couvert de la tienne
Outre d'amour et foi dans la portée des mondes !

2.

La concession du Fils au temps réverbéré
Dans l'excès de nature et de pensée des fins
Rapporte les desseins du monde au Verbe nu.
La mutité de cause est cause que les fins
Prospèrent affolées dans la nuit piquée d'ombres.
Une main secourable, arrimée dans l'amour,
D'abord est direction puis le sens étonné
Quand ses ponctuations s'affranchissent du plan.

3.

Ta prosodie trouvée dans la ruine du temple
Et le caveau de mer et la dalle levée,
Les rouleaux de Ninive ourlés dans l'incendie,
L'arbre crevé, la mousse ou les pirateries
Griffées sur le papier de la chambre des mères,
Laisses-y prendre un rêve où fait occasion
La forme ménagée dans le cours des espaces
Ou du temps révélé dans l'âme épouvantée !

4.

C'est le jour où je vais vous dire un au revoir.
Puisque la chair prononce en faveur de son Dieu,
Pensée fut mise au monde afin qu'elle ordonnât
La levée de l'épi jusqu'au ciel moissonnant
Que conçoit la pensée dans son adolescence.
Un contentement seul de la Vierge Marie
Rédempte la station dans le règne du pas :
La mère porte en terre un soleil reparu !

XIII. L'ânesse de Balaam

1.

Un oiseau s'est posé comme un pacte enjoignait
Que l'incréé fît volte et nouvelle en ses fins.
Dans les commencements, la fable arrache au Verbe
Un élan qu'à rebours l'élan même assouvit.
Quand le point dégagé pour une absolution
Reporte sa tension vers ce qui le contient,
L'âme observe, immobile en sa concession,
Que rien n'advient en rien qui ne fût de toujours !

2.

Et Balaam abrutit les flancs martyrisés
De l'ânesse qui va chez Balak à Moab.
Un ange vient dedans, puis l'issue de déserts :
Ce qui ne fut jamais mais qui règne toujours,
Ce qui tord et dilate, en l'empire parti,
Les courants de ce monde afin qu'ils s'équivaillent :
« De Jacob une étoile et d'Israël un sceau »,
D'une ânesse l'amour concédé dans l'Amen !

3.

La sainteté du corps est son transvasement
Dans un report du corps et son exténuation.
L'itération comique où s'épuise la vie,
Véhicule des fins comme elle les postule.
Et silence et désert et veuvage content,
Circulation de l'âme abondant de présence
Où l'absence est un chiffre appliqué dans le temps,
Le monde a conséquence en son retournement.

4.

Un seul commandement de sa colère au monde
Et le monde convient de départir de soi
Ce que lui concédaient les parties équitables
Où l'être se machine afin qu'il y ait un temple.
L'oiseau contre les ciels est un angle de stuc
En quoi l'affresco sis dans l'idée coutumière
Append la vie refaite à la gueule des nues :
La possibilité que soit l'homme est donnée.

5.

Voudrait-on qu'invention fît un Dieu « situé »
Sous telle extrémité postulable en la forme ?
Voudrait-on que le Fils fût la propriété
D'un règne séminal assigné de soi-même
En la forme jumelle aliénée dans ses fins ?
Voudrait-on qu'un excès de la forme conçue,
Fût son aménité dans l'effort de pensée ?
Voudrait-on que l'amour eût siège outre l'amour ?

6.

Giotto de Bondone, Jacopo Pontormo,
Paolo Caliari, dont le regard mangé
Dégage d'une nuit la concession du monde
Et Momper et Titien qui, sous l'axe perdu,
Passent sur la nature un voile qui l'emporte,
Affresquent le donné dans ses efflorescences
Et, de sa déhiscence autorisée de soi,
Font une craie passée dessus la nébuleuse !

7.

L'enfant qu'un nœud du bois retient devant le monde
Et que Joseph applique à des contournements
Revient secrètement, l'atelier reposant,
Connaître qu'il n'est point de trouble dans l'objet.
Le pli des choses sur le silence des choses
Et cependant l'amour que soit en l'objection
L'amour même objecté dans sa spéculation,
C'est le sang poursuivant l'œuvre du charpentier.

8.

La pratique du sens échappe à son objet,
Le pressentiment prime où pose objection.
La rencontre causale est épreuve outre nuit
La claire-voie du monde est son commencement.
Balaam est à Moab et le livre l'excède
Et Jonas et Ninive excédés par le livre
Ont matière commune en un premier regard :
La concession du monde adombre ses départs.

9.

Salue le jour percé dans la chaîne des jours,
La griffe d'une nuit dans le plan de la nuit,
Les soleils apposés sur la concavité
D'un or toujours saisi dans sa résolution,
La course qui départ afin qu'une venelle
Repose après la course une condition seule
Et le livre tourné contre une plénitude :
Il faut que ton poème ait voix dans un levant.

10.

Toute la vie procède à l'aulofée du sang :
Comme Simon dénoue sa nasse à Tibériade,
Un Seigneur lui fait face et la matière même,
Invaginée dans l'ombre et la propriété
Du geste d'innocent qui, profusivement,
Rapporte l'objection que concède une nuit,
Contente la présence et la bonde de temps.
La nature est pensée dans un rêve têtu.

XIV. Explicit

1.

Le livre tire un bord et le récit debout
Décide de lever dans la chair enfantée.
L'écriture spastique applique sur la voûte
Une oblation d'homme afin que vienne un fils
Témoigner de l'amour, antécédent de tout.
Voudrait-on que l'amour eût siège outre l'amour
Ou que l'arpent fiché jusqu'aux cimes du monde
Attestât qu'il eût forme au nombre de la forme ?

2.

Le livre des pensées postule tout l'azur
Et l'écho de l'azur aux fins de prosodie.
L'émergence, en le nombre et le chant ménagés,
D'une attention d'amour à l'âme départie,
Meut cette création reportée dans ses termes
Ou cet enfantement curieux de l'incréé
Dont le ciel est l'idée, le voûte le penchant,
La chair de Jésus-Christ un don privé de geste !

3.

Vous écrivez un livre et son entendement
Refuse d'excéder l'entendement d'un livre.
Vous objectez le livre au monde qui l'estime
Et votre paysage est l'inexplicité.
Vous êtes tout l'objet, création retranchée !
Le corps, aliéné dans cet arrachement,
Vous est entendement, jugement, toute vie,
Passion de l'office impérieux de l'Amen !

4.

Ce livre est un sépulcre où je m'aliène en ciel
Avec Lazare assis dans le ventre incréé,
L'ange transfiguré par l'hospitalité
Dont il est le cœur vif et la mesure enfuie,
Près de Paul embrassant les arpents de la chair,
Avec Pierre attelant du souvenir aux angles,
Avec le pain de Grâce assommé de levain :
L'enfant de la matière et de l'enchantement !

LIVRE QUATRIEME : L'AMEN

Livre Quatrième : L'Amen

Pour Minette.

À la mémoire de Simone Weil.

« *La création est un acte d'amour et elle est perpétuelle. À chaque instant notre existence est amour de Dieu pour nous. Son amour pour nous est amour pour soi à travers nous. Ainsi, lui qui nous donne l'être, il aime en nous le consentement à ne pas être.* »

La Pesanteur et la Grâce

Exhortation à la sainte communion

(Voix de Jésus)

Talez ma chair de pensée vraie,
Ce qu'idéez, reportez-le
Dans un temple exténué de vent :

Mon temps s'épuise à l'angle et le pilier parti
Cède devant le jour à quoi fut concédée
Ma chair à la pensée qui s'exhausse en l'amour

Talez ma chair de pensée vraie,
Ce qu'idéez, reportez-le
Dans un temple exténué de vent !

Livre Quatrième : L'Amen

I. L'amour de Christ

(Voix du disciple)

1.

Je tenais dans le cœur une portée des causes
Et ma chair embrassait le pays dans des terres
Et toute la nature à l'amble dans le temps.
Je tenais du soleil et de sa réflexion
Ce qu'il fallait connaître au règne de l'atome
Et la monade était la partition de tout.
L'itération valait prosodie du créé,
La vie sise en son angle et le chemin fini !

2.

L'enfant levait le fruit, l'oiseau la baie levée,
L'église s'avançait dans un croisement dur :
Fermeté de ton temple était communauté,
Nation dans le nombre et nombre pour aller.
Canaan s'absentait dans ses prospérités :
Le temps se retrouvait dans la raison du temps.
L'idée vous fut donnée du temps de condition
S'autorisant en soi depuis l'épuisement !

3.

Seigneur, je suis du monde en ses devisements,
J'arpente un temple muet dans quoi chante un soupçon,
Je justifie la marche au couchant de mon cœur.
À l'approche d'un temps justifié de mémoire,
Un songe me revient de la nage immobile
Où lumière est rendue dans la dissolution,
Connaissance renouée dans un délitement,
Forme absoute et donnée dans ton pardon chanté !

4.

Canaan, c'est la dune et le vent qui taloche
Un ciel spastiquement ponctué d'étourneaux.
Comme une quarantaine à Valle Veneto,
La cigogne remembre un pas qui se souvient.
Je suis fils de ta chair et des œuvres d'amour,
Rien ne m'est plus précieux que ta mort ou ta vie,
Ton sang pris dans le vin, ta peau brune qu'aliène
Un pain fait sous soleil en la terre qui bout !

5.

Je suis ce qui savait, ce qui savait m'adombre,
Un chant levé toujours me rapporte à l'étoile,
Au soleil, à la lune, aux pluies consolatrices,
À la sauvagerie de terre où tu m'attends,
Le même en la puissance et la cause de tout,
L'amour absolvant l'heure et son grelottement,
L'inquiétude de bête en la propriété
Du nombre de la vie rabattu sur un chant !

6.

Or, ce qu'il y a dedans le mode déposé,
Corps parti de son règne et repentance en l'ombre,
Intimité frappée de devenir au col
Et dont la tête hoquète au regret de parole,
Est mon étrangeté comme mon objection.
J'y patiente en ton nom, l'enfant né de matière
Et de matière seule, adombrée d'une grâce,
Où dévastation vaut encor apogée !

7.

Un monde s'est tendu pour atteindre sa couche
Et la dormition matérielle des mondes.
Or l'ange dépendu vers quoi monte Jacob
Est l'*epithumia* tempérée dans l'effort
Afin que soit l'objet transverbéré de jour.
L'Amen a fait un pli dans quoi le monde est pris,
Bourreau de connaissance et fourbu de regard :
Seigneur, dites l'Amen aux syncopes du chant !

8.

C'est la paresse née d'un regret de toujours
Qui fonde ton amour et l'assigne à des angles
En quoi se renouvelle et se comprime l'os
Où le temple est monté sur aubier d'aventure !
Un rouleau de Ninive embarrassé de runes
A mis la fable au jour et le compte au piquet :
Les jours me sont égaux dans l'amour de saison,
Saison me vaut un jour à l'annonce d'amour !

9.

Je peine à te comprendre, enfant de la matière,
Où je voudrais qu'on dît la mesure et le point !
Hadîth et logion ont fait des frondaisons
De la dune, du fleuve, un tapis de névés.
Le signe départi du frôlement des pas,
Dit ce que dit le pas, ce que dit le frôlé.
Je vois un paysage où l'on entend causer :
Comme un sens est donné, le monde est mutité.

10.

Ton lévitique est l'os encombré de matière
Où prend l'élan du cœur vers les opalescences
Et l'autre transparence en quoi le ciel est mis.
Ton ordre est la percée d'un courant de matière
Ardent à recouvrer son règne retranché.
Ta colère est entrée dans sa pleine étendue
Quand le battement d'aile et le chant séparé
Forcent l'opacité retenue dans la vie !

11.

Te voici concédé puisqu'un consentement
Déroute les objets de la voie d'immanence
Et cette voie du cœur où vit la dimension.
La chair est descendue dans l'angle dévasté,
La voûte disposée pour te faire un linteau,
Le poème accroupi dans sa course votive
Et dont l'iambe ponctue la dilution d'orée :
Tu es l'enfant lévite invoquant un ami.

12.

Seigneur, je paraîtrai le premier pour la vie,
Celui qu'elle engendra pour son gouvernement,
L'enfant de la parole et du commandement,
Terrassé dans l'empire et confiant dans les ciels,
Tout au bon dieu perdu dont le regard de suie
Confond le croyant vrai dedans les plénitudes.
Un chemin me fut long, qui le cède au Jourdain :
Je suis l'enfant de Force et d'Exténuation !

13.

Les tiques de Russie dans l'âme des bouleaux,
L'animal étendu devant la pyramide
Et dont le flanc crevé s'extravase de soi,
La grêle du pays qui soufflette la boue,
Perpétuellement le percement de tout,
La fission séminale où les angles vont paître,
Armant la chrysalide et la larve et le grain :
Tout fut cause qu'un sort eût raison de la cause !

II. L'Eucharistie

(Voix du disciple)

1.

La parole est ma charge et mon commandement,
Dans sa nécessité se fomente raison.
Son abandon, conçu vers la forme première,
Est ce jour espérant de la nef abattue
Qu'un vent tenu dans l'air par la longe d'atomes
Arque au gré de raison vers sa ténèbre belle.
Vous êtes concession comme nous sommes veufs,
Affranchis de ce ventre où vous tenez raison !

2.

Nous avons nos saisons dans ta dormition,
Marie dont le front doux nous console des ciels.
Nous avons notre argile et notre multitude
Affolée dans le temps des formes pèlerines.
Un jour nous sommes l'os accostant les rivages
Et l'autre le courant sous-marin qui l'absout.
Nous sommes ton enfant, terriblement blessé
Qu'un cycle épouvanté dissipe dans le temps !

3.

Donne-moi ce Pardès où le signe est repu
Comme il nourrit l'humus et la baie d'églantier.
Guide-moi dans nul rai de nulle épiphanie
Par le plan de ténèbre où tout le jour est pris.
Fais de Peshat un pas, de Remez un soupir,
De Derash un lever, de Sod un frais bonjour.
Concède à la nature un retrait de la vie
Dont le devisement m'est un sabre de bois !

4.

L'enfant de Zacharie m'attend sur le parvis
Du temple où tous les ciels ont un nuage infus.
C'est l'insinuation de tout signe en soi-même,
Où reprise du sens est fracas de raison,
La prière au lever de la bouche nouvelle
Et du ventre remis sur sa couche réale.
Un ange m'est venu, qui reforme l'étoile
Et nulle nébuleuse en nulle apothéose !

5.

Tu m'annonces la pierre, enfant de latomie,
Tu reportes Lazare au règne terminé.
Tu veux que soient des fins témoignant de raisons,
L'aspiration de l'âme émanant de ses formes
En un tour où la forme a congé de soi-même
Au rigodon mi-fou de la causalité !
Je ne te comprends pas, je connais ta parole
Et ton commandement commence où je reprends.

6.

Tu me mets dans la pierre et le loup me traverse
Et le vol d'étourneaux cabotant par les pins
Qui ombrent le jardin des têtes d'empereurs,
Le trou fait sous la barque et le tintement rond
Des filins de la grève et du petit verger.
Je suis ma femme assise à l'asthénie des sphères
Et l'enfant que j'ai pris pour le temps concédé :
La dormition d'un ange infesté de matière !

Livre Quatrième : L'Amen

III. La Communion

1.

Il vous faut une suie polluée de travers,
Empruntée par un pas compliqué de remords
Que va finir un bond sur tréteau moucheté.
Il vous faut une grêle abrutissant l'élan.
Comme postulation vous vaut linéament,
La saison vous revient par une volonté
Dont la forme est la borne et le noème l'os :
La poitrine débat de forces terraquées !

2.

Je reviens au premier de mes ventres marins :
J'y dispose Ninive et les tours du Midrash,
L'illumination de la corolle peinte
Au passage des mers entre les feux jumeaux.
Je suis l'enfant de l'Homme, et Jonas et Simon :
L'englouti renouant le pacte à travers nuit,
L'arpenteur de ton temple où la chair a portée,
Le sang noir et la tourbe à la nef ongulée !

3.

Seigneur, vous avez forme et vos fins me reviennent :
On dirait qu'un repli de l'espace a mis bas
L'absence d'une grève et le terme pensé !
C'est comme si l'envoi des paroles du monde
Avait siège et portée dans leur achoppement,
Comme si l'autre monde avait son fondement
Dans la concession d'une aube de la chair
Ou la pente gravie qui peine dans le pas !

4.

Hippone va dessous la marne épouvantée
D'un cul de basilique accablé de midi :
L'on dirait d'une vie mise à terme pour l'homme
Et dont le corps taré s'écharde le genêt.
La partition du monde origine la ronce
Et la ronce le globe et le globe le monde :
Une cause aérienne a barre sur la vie
Comme un tillandsia débile sur le vent !

Livre Quatrième : L'Amen
IV. Action de Grâce

1.

Rameaux, formez le rang d'une alliance étonnée,
Curetée sous la cime et la canopée nègres :
Ainsi que vient l'étoile au front de damnation,
Vous revient une nuit paresseuse d'aimer.
La pensée tourne bride, épuisée de fission,
Le pylône s'imprime aux fosses démeublées,
Le temple va volant sous le rire corbeau :
Les dents noires du jour emportent la saison.

2.

L'affaire, c'est la dent qui fore en Jésus-Christ,
Le roue de fenaison qui rapporte à la vie
L'éteule accommodée dans le ciel éperdu.
Seigneur, je suis l'enfant de la dévastation
Mes crocs rongent le pou, la tique et le baiser.
Le grand arbre a son un pli parcouru de matière
Où mes morts ont connu qu'il n'est qu'un ordre bon:
La langue du Moloch a rendu tout le rêve !

3.

On m'ouvre la poitrine, on désosse mon axe,
On trouve des humeurs calaminées de frais.
Induite des arpents que j'ai comblés de songe,
Une main dégagée du fatras de la peau
Me retranche du règne et m'assigne à mon faix.
J'ai perdu connaissance en la prospérité
Des concaténations d'une visée sans pas :
Le monde a mis ce soc inane en ma pensée !

4.

Tu précèdes Saint Paul en ce que ta matière
Inaugure son joug dans le galop frivole
Où passent les nations comme un bleu de toupie.
Tu ne crois pas en l'homme en tant que sa limite
Et cependant le temple est tourné contre toi,
Comme si la fission de tout l'être en des temps
Tirait de la saison l'autorité de l'être :
Une onde à Tibériade emporte tout le temps !

5.

Dormition d'une femme où, séminalement,
Le songe se fomente en pullulations,
Travail cru de la terre en quoi toute voussure
Identifie de l'être aux forges des mansions,
Département du signe au bourdon de ce chant
Que l'Amen a mis bas pour concéder la voix
Tournoiements de la vie dans notre basse danse :
Seigneur, tu fais la joie pour le goût du retour !

V. Dio Eminenza

1.

Quand je suis dans la terre, un souvenir me vient
De l'atome attendu pour sa suspension
Dans la fraternité de toute création.
La vie répercutée dans l'exténuation
Du temple reporté dans les causes secondes
Abonde la touffeur de ma couche dernière
Et le dessin de vie ne m'est pas de regret :
Peut-être cet ami, seulement, que j'avais.

2.

Le soleil a levé ma gorge comme une ombre
Et la route reprise en Paul par le levant
Se ravine à mesure acide de l'agave.
On a le cœur battant dans sa raison sonore
Et la fin de raison croche au souffle son clou.
C'est la dernière marche au sillon démené
Qu'un soupçon de nature a gardé pour le pas :
Le terme est remisé, qu'on avait révéré !

3.

Je ne sais d'éminence, au monde des vallées
Que le poids de l'Amen et son globe de lune
Où tout le jour est pris cependant que tiré
Des termes composés sur un ventre qui roule.
Un voile sans nuage, un peu de crépuscule
Aliène dans mon Dieu de sorte qu'une nuit
Me soit plus désirable, en ma viduité,
Que la fausseté jaune où je règne en raison !

VI. Première oraison

(Voix du disciple)

Seigneur, ayez un corps ou montrez la portée,
Concevez dans l'étreinte une visée du monde
Où le temple et son axe aient barre sur la vie !
Faites circonférence au lieu d'une clarté,
Posez dans le foyer la fenaison critique !
Eli lema, crampon des parties de mon cœur !
Lema sabbachtani, chaleur de membre et nuque :
Une chair m'est donnée pour toute consomption !

Livre Quatrième : L'Amen

VII. Sidération !

(Voix du Bien-Aimé)

1.

Le matin le premier, la Face lui sourit
Sur un plan de comète où la vie a reprise
Avec la mer posée sur la voussure aimante
Et le trèfle léché qu'inonde le fossé.
Vous avez cru le Fils en la mère et l'étoile
Et le père paraissait exténué debout.
Vous faudra disparaître avec une pensée
Comme vont les marées satisfaire à des lunes !

2.

C'est à peine une voix que la venelle assomme,
Entre deux feux de grève et les poitrines creuses
Ou la somme des temps qu'abreuve la saison.
La théorie des rats dévore la litière
Et l'os est dans le grès qu'invagine l'humeur.
Christ est l'argile morte et le détachement
D'une mort satisfaite en sa prospérité :
Le ventre de la vie pullule dans ses clos.

3.

Je me plante sous l'aube avec un sceptre faux,
Tout désir et la peau contre le vent debout,
L'arpent de la matière et le besant critique,
Apprêté pour le monde à l'onction de pensée.
Ma cause est dans le cœur, fichée comme un tenon.
Je ne connais de Christ, en sa charge charnelle,
Qu'un portique abattu sous des grêles de houx,
La bête de mon dieu, son glaive et son tourteau !

4.

On bourre le fantoche avec un foin laissé,
Qu'on promène en chanson contre la thymélé.
Couronne est tricotée sur le Christ en chemise
Et la crécelle appuie la battue de l'appeau.
Nous sommes pris au règne où l'angle nous promène,
Abondant d'un amour épuisé de connaître :
Âme nous soit rendue qui sente ce qui vient,
Nous soit rendu le don de l'immobilité !

Livre Quatrième : L'Amen

VIII. A Love suprême

(Voix du bien-aimé)

1.

Comme le feu de terre ôte au drap son humus
Avec un regard d'homme affecté de natures
Où la nécessité prend la forme d'arpent,
Comme un cours alenti par la distraction
Du regard arboré de canopée fervente
Et comme le regret que soit au monde un signe
Embrassé par le monde entravé par ses termes
Un néant me rapporte à l'anse de mon Dieu !

2.

Abruti d'une humeur indolemment passée
Sous le cours de la vie tempérée de natures
Et parti de son Christ ainsi qu'une âme saoule,
Un ami vient frapper dans ma tête qui bat,
Souterrainement veuf et de lave abondant
Sur la nef étonnée que rien ne s'y émeuve
Au regard de la force éminente du sang :
Tremblant comme une larme adombrée de parole !

IX. Tombeau de Simone Weil

(Voix du disciple)

1.

L'incréé vous tenait, toute force gagnée,
Suprême dans son frac épousseté de frais !
Vous aviez un dieu faible abondant dans le monde
Où sa chair est parée pour la consomption.
Son sang grumelant d'os où plane l'urubu
Faisait condition d'homme inféodée de soi.
Comme la création vaut cause concédée,
Vous êtes son report, Simone, ou sa saison !

2.

Les faiblesses du corps traversé de saisons,
Transverbéré dans l'être à mesure du jour :
Voilà ce que concède une main du créé
Quand de l'autre il bassine une échine en chemin,
Languide comme l'os plastique de ses orques
Et le front d'horizon tenu dessus la mer.
Toute la création dégagée de son chant
Réside dans votre œil, Simone, déplacé !

3.

Vous êtes l'âme sainte au renfort de suée,
Le coudoiement d'une âme à travers les fumées,
L'autre jour remembré dans la tombe griffée,
L'animal assagi devançant son reflet,
L'étoile convaincue de repaître au fossé
Le tumulte des os flûtant dans le faux jour,
L'idiote pensive à ses Upanishad,
L'autre monde pensé dans l'épreuve des fins.

4.

L'infante de Jésus chemisée de tabac,
Vous volez tout le ciel avec un livre noir !
Comme l'or précipite ente les fondations,
Tel autel a votre encre et vos machineries.
Le crâne tempétueux de la femme et son clou,
Butés contre le temple et son engendrement,
Fondent la chair de Christ et la séparation :
L'abdication de tout dans le chant révélé !

5.

L'on n'a fait de delta que pour qu'un plan de l'être
Eût concession de monde en la condition.
La maison vous étage une vie comme un songe
Et le dernier regret porté depuis le monde
Est encore à ce plan des partitions du monde.
Il faut qu'un mage en qui l'Amen a trouvé terme
Ait aise en le regard à la trêve des mondes :
Il faut qu'un seul regard abolisse l'effet !

6.

La volonté du faible est encore en son dieu :
Le trouble de la forme au mitan des saisons,
L'ordalie de tout terme énouant les espaces
Est nature d'un dieu dégagé dans le temps.
Vous êtes la faiblesse et tout l'être émanant,
L'effet dans une chair abondant de son être
Et cette volonté qu'un martyre de Christ
Eût raison du vouloir et de la sainteté !

Livre Quatrième : L'Amen

X. L'abdication de tout bien

(Voix du Bien-Aimé)

1.

L'accroc pris dans la chair se découvre soleil
Et la main du promis s'estompe dans le nombre.
Avec un autre jour la saison mortifiée
S'expectore de gorge au jardin dans les soirs.
Je nourris votre front de pensées d'immanence
Et comme j'ai vos maux, j'ai naissance et pardon
Dans la mêmeté même et le monde commun,
Dégagé de son nom quand sa chair est rompue.

2.

La boule noire qu'homme a fourbie ce matin
Pour que la nation s'y étrangle et s'y coule,
Indivision de chair et promesse et parole,
A rendu tout son jour et son jour est un faix
Sous quoi l'échine d'os a raison de la chair
Ou de l'arpent critique insufflant la pensée.
Le levain d'une chair entée sur l'autre monde
Assigne à son matin l'encombrement des nuits !

3.

Le voile du regard ou cette taie de brume
En quoi le paysage a son ordre et sa fin,
Le réduit de montagne où l'enfant d'Abraham
Attend que raison soit qui l'ait répercuté
Dans les siècles du jour avec l'amour enfin,
Le loup qu'un pèlerin consigne dans la nuit
De sorte que nuit soit dans des phosphorescences :
Une nature outrée demeure comme on va !

4.

Vous ne connaissez d'homme, où l'aube est tout l'objet,
Que la forme tenue dans la nef et l'écrou,
La marche et la mesure et ce progrès des causes
Où le monde connu fait profondeur et nerf.
Vous ne connaissez d'homme, où la mesure est l'homme,
Et chemin parcouru dans la vie relative,
Où tel souffle est le vent, telle épreuve le sang,
Que le signe tourné contre la création !

5.

Mangeons le blé nouveau carapaçonné d'air
Cognons contre le fer de la partie voisine
Une tête recrue de fatigues tonnant.
Un Christ est parmi nous qu'annoncèrent les chants,
Le temple est rebattu de ses tontes d'étain,
Des figures du neuf appliquent au grenier
Le sortilège vain par quoi nous connaissons
Qu'il y eut un feu terré dans le ventre premier !

6.

Une viduité nous est apparue bonne
Aussitôt que le givre a couru la montagne ;
Et ce pèlerinage où la fonte de tout
Laisse lever l'abeille et le loup d'un ombrage
Nous paraît la vie faite au regret de la vie.
Comme la nue dessus déboule de son astre
Et comme l'astre va pour le remembrement,
Les pentes du pays figurent le repos.

7.

Fleur, vous êtes charbon dans le trou de la moelle
Et les bœufs convulsant terrifient quand on passe,
Abandonnant Sion pour la ravine peinte
Où Ninive a celé le sein de notre chant.
Vienne le temps nouveau si l'enfant l'a pensé
Depuis une pensée défaite de pensée.
Une face sourit sur la rive défaite
Et son embrassement console de la pierre !

Livre Quatrième : L'Amen

XI. Fantômes

Voix du disciple

1.

Transparence fait l'être avant la grande chute
Et l'arbre reconnaît dans sa stridulation
Cette pensée tenue par les enchantements.
Christ assoit dans l'atome un règne qui s'abat :
Comme la nuit revient, l'ongle de la vie nue
Tire feu de l'amen et chante son amour !
Voici que se détend la voussure tendue
Sur le monde incréé que frappe conscience !

2.

Un recours de présence applique à la portée
L'envol éperdument des étourneaux du pin.
Le pécheur est cet angle où des ponctuations
Suscitent les Afrique et le fantôme pris
Dans l'onction souterraine avec Jérusalem.
La femme est accroupie sous le front terraqué,
Le fantôme dispose un songe sous le front
Dans quoi le ventre assis bassine des lueurs !

3.

Parole est prise au monde avec l'astre tombé
Qu'une pensée rapporte à l'éternité craie !
Pareil, un enfant naît qu'on livre à la portée !
Du ventre de cet astre où toute la vie pend,
Comme à l'enfantement de l'astre dans son clos,
Lecture m'est donnée de la partition.
Et dans chaque retour de la terre tremblée
C'est saison, c'est moisson, c'est komos altéré !

4.

Je t'aime et je n'ai pas plus que toi de matière
Un ange m'a remis dans le monde avec l'or.
La sphère d'où je pends comme un souillon de Naples
A tourné contre moi le ciel où je naissais.
Je suis le devenir et l'amour déhanché
Dont le pas de godet sinue dans les déserts.
Avec Agar, son sein gercé par Ismaël,
Et tout le peuplement de la lande appliquée.

5.

Parti depuis la gorge où Béhémoth assis
Trouble peu le lait gris de la nappe adamite,
Un nom vous est donné contre quoi la pensée
Guide ses cavaliers, le pied talé d'entraves.
Une sourate douce inféode les sphères,
Une étoile descend qu'on aura retrouvée.
Je suis l'enfant de Christ enfant des œuvres chiennes
Où toute apocalypse a lieu dans un adieu.

6.

Contre un sinus du vent s'exhumant des fumures
Une femme rapporte à la souche l'enfant.
C'est Agar et son fils est la race partie,
L'abandon dans les soies de deux ciels abouchés.
Le ventre de fontaine où le cours d'Appius
A foré cette gorge où le bolet suppure,
Est l'idée de la chair entendue de son lieu,
Si le lieu de la chair est lieu plus que rayon !

7.

Vous m'avez fait le lieu, je crève sous trayons :
La transverbération me taraude au soleil.
Une volée de côte affleure sous le cou :
La cellule débile a raison de mesure
Et l'orbe épouvanté de la clé de mes nerfs
Est un svastika sourd au pleur où s'époumone
Un qui faisait foyer dans la maison du père,
Étonné que le père eût séjour en son règne !

8.

Tu me vois, procédant du komos hébété,
Passant le tréteau noir pour gagner le détroit,
La patte encore prise à la glèbe tournée
Contre l'apesanteur bonne fille d'étoiles.
On connaît que je t'aime en créature aveugle,
Aimé de l'amour-même en tant que son principe
Et sa pensée recluse en la veine du temps :
Tu ne me sauves pas pour qu'un regard ait lieu !

Livre Quatrième : L'Amen
XII. Le Bien-aimé

Voix du bien aimé

1.

Il ne te faut qu'un corps levé comme, en saison,
La fenaison que frôle un poudroiement d'espèces.
À l'origine, un fil appendu des espaces
A condamné l'amour à s'adjoindre toujours
Un Avent de saison corroboré de merle.
Le matin donne au chat ce qu'il y a lieu de mousse,
Et l'été qu'annonçait Jean peut-être à Patmos
Ne convoque qu'un corps épuisé dans l'envol !

2.

Or, je suis le corps nu terminé d'appendices
Où prend la mer dressée contre l'étagement
De cette nébuleuse où barbote la cause
Avec le bon génie de la pensée des fins,
La goétie de tête où le devisement
Tient longe sur la vie quant aux enlacements.
Telle portée de mite est prise sous mon front :
Ce qui promène est rond comme il dit sa chanson !

3.

Du tympan va figer l'ondoiement de la lande
Et le temple où s'affole un cheval et la vie
S'élever en soi seul encor que la nature :
Avec mon corps repris par le chant turbulant
De l'Amen apprêté pour la noce et le règne !
Il est un homme au monde et sa matière insigne
Abonde de cet être en qui le numéral
A cédé ses arpents comme passait l'amour !

4.

Regarde finir l'homme et son enfantement
La terre concédée pour que, depuis la pierre
Et le soc emmanché dans l'ignition du cœur,
On reconnût qu'un règne excède la passion.
Le temps va se reprendre en l'élasticité
Le temple rendre gorge en la plasticité :
Christ est recouvrement de ce qui est sans nombre
Et nombre éminemment, ponctué de rosées !

Livre Quatrième : L'Amen

XIII. L'enfant

Voix du disciple

1.

Tu ne m'enfantes pas, c'est alors que portée
M'enlève comme un singe avec un filin fait.
Le paysage tourne avec os et deltas
Je singe le soufi pour la prosternation
De la vie naturelle apprêtée d'infinis.
Raison me fut donnée dans l'accomplissement
De son piétinement. Je ne suis pas donné :
Je suis le chant repris comme y manquait le chant !

2.

Il y avait une pierre autour de quoi tournait
Le rigodon fichu de mille pesanteurs.
Et de cette bourrée levait la galaxie
Comme un printemps de lave excédant son tréteau.
La danse des damnés colore l'étendue,
La terre est dans le pas, le signe dans la terre
Un comice a tombé sa chemise sur l'os
Et l'abandon dispose à penser pour la vie.

3.

La ptose de mon membre et la chiée de gorge
Auprès de quoi se tient l'échappement du saule
-À son terraqué mère et sa stèle marnée-
Ne vaut pas qu'on me pleure et cependant je pleure
Un amour déplacé dans le monde pour voir
Et qu'un arrachement général à son chant
Rapporte au corps tenu dans la nuit du transept
Ainsi qu'une envergure aux tendons du Seigneur !

Livre Quatrième : L'Amen
XIV. À l'âme simple

Voix du disciple

1.

Tu es l'exsudation, l'exhaussement d'un corps
En qui le temps du corps n'a pas trouvé son saoul.
Il est, en ce corps pris dans l'enchaînement pur,
Une raison laissée comme elle terminait.
Tu es le corps tout simple abondant de marée,
La pensée d'immanence où s'achève le corps,
Ce qui est sans tenir de son arrachement :
Mesure d'un poème affranchi de sa cause.

2.

Je ne te comprends pas : c'est assez de raison
Pour que je cède au temps ta mesure abstinente,
Avec son devenir dans la causalité,
Le bon doux percement de la magie connue
Par quoi l'usage acquis du paysage cru,
La fortune du vent que l'on aura tenu,
T'en fera mansion, devisement, lecture :
Une évidence enfin, bourrelée d'occlusions !

3.   Ce sont cent crânes d'ange escaladant la marne,
En repentance et seuls en cette repentance,
Abruptement couchés contre un courant de lie
Qui porte leur arpent charnel avec le seuil.
C'est un vol d'ange en quoi ce qui donne de l'être
Est son étirement dans la causalité,
Jusqu'au point de regard où le corps suspendu
Fait forme en tant qu'élan vers son ravissement.

Livre Quatrième : L'Amen

XV. Chant de la Dévotion

Voix du Bien-Aimé

1.

Il y avait un rameau que j'ai tenu serré.
Depuis la maie venaient des monstres supplier
Pour que je la rendisse à la tempête bête
Et aux déchaînements du nombre de la terre.
Or, je suis ton amour et l'amour en raison,
Cette mesure apprise à la pensée de l'être
Outre la pensée même où le simple a raison
Quand il a son recueil et son recueillement !

2.

Je prie pour que mon monstre abomine le jour
Et m'y fiche une forme à portée de raison.
Je veux un pèlerin passant la borne peinte
Et la sauvagerie de la percée d'un monde,
Avec le Christ et Paul amendant la vie vraie,
De sorte qu'y paraisse avec une effusion,
Comme un peu cette mue de la bête aux saisons,
La beauté traversée par la forme tombée !

3.

Un oiseau s'est rompu dans la lune dispose,
Et je pince son col afin qu'il me réponde.
Ainsi le chant tout pur de la physique nue,
Déprise de pensée, contemplative, brave,
Est un don de mon Dieu comme un Christ itéré.
L'exemple de ce corps infesté de matière,
Enlevé dans la nuit pour la bonté des nuits,
C'est le Christ et l'Amen infus dans le chemin !

4.

Quel beau jour ce sera : voici l'Amen et Christ !
Et le corps et le livre et rien qui soit outré
Si la mesure même est ce qu'il y a dans tout !
Devant le tympan noir abattu pour voler,
Cent crânes d'anges peints patientent pour rêver,
La mère a concédé que lui vînt un enfant,
Comme venait la mer, la dune l'a reprise :
Évoé, kenavo, terraqué, parousie !

Livre Quatrième : L'Amen

XVI. Chant de la Communion

Voix du disciple

1.

« *Nes gadol haya sham !* » : on enlève un mourant
Dont le souffle a son lit dans le nimbe des lunes
Et l'onction de la bête illunant le fossé.
« *Nes gadol haya sham !* » : des enfants sont venus
Qui gourmandent le monde en passant les lueurs.
Ils ont foi dans le Christ où que monte une église,
Un lamento de mère ou la joie de venir.
L'osselet, la toupie : tout procède d'amour.

2.

Voudrais-je être ton pair dans l'amande terrestre,
Une limite faite à l'expérience pure,
Un coin me surprendrait le même et la distance :
Une profération de ce qui m'est posé,
L'énigme du revers de ma condition.
Mon terme est reporté dans la vie du regard,
La passion d'outrer, dans le branle commun,
La danse de l'écart et du miroitement !

3.

Une ombre emporte tout : nous irons voir Sion
Le peuple vient trembler sous le tympan vidé,
La bête s'imagine en la circonférence
En quoi tout est recru de sa terreur inane
Au regard de ce terme authentique outre tout,
Dont l'élasticité, charbon tendre et mica,
Dégage de son ordre accompli de toujours
La quérulence d'homme et le goût du retrait.

Livre Quatrième : L'Amen

XVII. L'accompli

Voix du disciple

1.

Nous rentrons dans le port, il n'a pas plus que toi
De nom qui fût donné pour qu'une anse l'amende.
On est venu tout cru, dévoré de suture
Et l'infestation de la vie nous émonde.
Au reste, vois nos plaies : c'est le jour qui nourrit,
C'est service du jour et commandement d'ombre !
On nous a vus cacher nos trésors de pensée
Dans la terre où le crabe a des songes pour voir !

2.

Un enfant vous connut dans l'atelier du père
Un ami le baptise, implorant du jardin
Qu'on donne des raisons pour qu'un sang tourne vie.
C'est le bras dont Lazare a fait sa pèlerine
Et la terre de Sion transfigurée dans Rome.
Une femme l'étend sur la corde d'argile,
Au front rosi d'amour dans la déploration :
L'on ne vous fera pas d'autre génération !

3.

Bâtissez tant que vient la pensée du Levant
Paressez dans les jours carénés de saisons.
L'attente vous est bonne et comprise en l'Amen,
Un poème n'est plus, la pensée l'a conçu,
Le cœur le porte en terre avec l'inflexion,
La prosodie tournée contre le chant donné
Dont demeure pourtant la clausule secrète :
Introibo mane ad altare dei !

4.

Vous recensez les temps et la terre podagre
Halète quand s'en va répercuter le vif.
La physique déroule un méplat de raison,
Rien ne s'engendre plus dans la veine critique.
Une histoire passée guilloche du visage,
Un transi vit posé contre le grouillement,
Son terme épouvanté singeant le dur sommeil,
Vous êtes vieux, déjà : l'enfance vous est due !

Livre Quatrième : L'Amen

5.

J'ai pour terre Israël et le ventre du ciel,
Ou la mère annonçant, comme lui vient un ange,
Une répercussion de tout dans la nuée.
Ma terre va, conquise à son premier amour,
Un fanal de chanson dirige l'amble appris.
L'autel est contre soi comme un drap pour la noce
Une substantiation m'arrache à la maison :
Comme je suis l'orage, une rose me loue.

XVIII. Explicit liber

Voix du Bien-Aimé

1.

La convexité sang du globe de la vie
S'autorise de soi depuis un grand écho :
Un jour est pris dans l'être et l'être cependant,
Par quoi passe pensée le pacte de ses fins.
Tout est bondé de l'être extravasant l'amour
Au point sacré du cœur où le cœur est la nuit
Que termine un beau jour content de se connaître
Et louant le regard en le portant à mal !

2.

Avec Gethsémani la physique aboutit :
Le corps abandonné s'évide comme une outre
Et, sur un matelas de conque et de limon,
L'arpent d'humanité s'éprend de son sommeil
Et va trouver le vol ou la nage promise.
Au cœur enténébré du poème tenu,
Dans la cadence entée sur la forme reçue,
Les nébuleuses font le lit du petit trot !

3.

Je ne te comprends pas : tu me suis sans un mot,
Tes deux yeux sont fichés comme des clous dans l'os.
Tu veux que mon pas cède au caprice du tien,
Tu veux qu'un nombre sûr annonce son jalon,
Tu t'écoutes muer pendant la promenade
Et tu fermes les yeux sur cent beautés d'oiseaux.
Tu veux savoir au juste où l'on a mis ton terme :
Il est cela par quoi tu comprends qu'il n'est point.

4.

« Nes gadol haya sham ! » : on est venu tremblant
Dans l'orbe et dans le bras de cette mer offerte
Et nos morts font cortège à la pensée certaine.
Un nouveau train d'enfants fait aller la toupie,
Le sens est recouvré, c'est le chant de toujours.
Ma voix sourd de la face ou rend le devenir,
J'ai mis contre le temple une nuit de naufrage,
Un nageur immobile a mes commandements !

5.

Jékonias engendra Salathiel à B□bil
Et puis Zorobabel, Abioud, Éliakim ;
Éliakim fit Azor, le père de Sadok,
Akim en est issu, qui mit au monde Élioud,
Auteur d'Éléazar, le père de Mattane ;
Mattane a fait Jacob, le père de Joseph,
Joseph a pris Marie pour que vînt un amour :
L'enfant ne sème rien qui ne soit de toujours !

Livre Quatrième : L'Amen

Saint-Malo, 10 juillet 2021.

EEEOYS EDITIONS

EEEOYS EDITIONS est une aventure éditoriale consacrée à l'aventure scripturale. On n'y rencontrera que des œuvres aventureuses qui dégagent l'entreprise littéraire de la dimension égotique, réflexive, introspective, pour déployer, leur auteur "retranché", comme l'écrivait Mallarmé à l'occasion d'une conférence sur Villiers de l'Isle-Adam de 1890, des mondes.

Eeeoys Editions propose quatre collections ou quatre filières éditoriales.

La collection **THRES** est dédiée à la traduction ou à l'adaptation audacieuse assumée d'œuvres ressortissant au patrimoine des langues latines.

La collection **DARVEL** propose au lecteur des œuvres inédites caractérisées par le décentrement aventureux, représentatif ou stylistique.

La collection **LIBERLIBER** est dédiée à la publication d'œuvres d'auteurs chinois francophones.

La collection **E.TUGNY** est consacrée à l'une des recherches littéraires les plus singulières de notre temps : celle d'Emmanuel Tugny, romancier, poète et philosophe.

La collection **RES CIVICA** propose des œuvres témoignant de l'engagement politique de littérateurs, romanciers, poètes ou dramaturges.

LAMAUVE se consacre aux premières affirmations en littérature de la pensée féministe.

LUL (LIRE UN LIVRE) est une collection dédiée à la réflexion scientifique sur la lecture des oeuvres littéraires

Nathalie Brillant, est directrice littéraire d'EEEOYS EDITIONS.

Florian Virly, artiste, est directeur des publications d'EEEOYS EDITIONS.

Théo Demore est assistant de publication d'EEEOYS EDITIONS.

Mentions Légales

© 2022 Emmanuel Tugny

Éditeur : Eeeoys Editions
2 rue Feydeau, 35400 Saint-Malo
Impression : Books on Demand, Norderstedt, Allemagne

ISBN : 978-2-9580156-0-2
Dépôt légal : Janvier 2022